최고의
공부법

KAGAKUTEKI KONKYO NI MOTOZUKU SAIKO NO BENKYOHO
©kosuke yasukawa 2024
First published in Japan in 2024 by KADOKAWA CORPORATION, Tokyo. Korean translation
rights arranged with KADOKAWA CORPORATION, Tokyo through BC Agency.

미국 내과 전문의 야스카와 코스케

고효율×시간 단축
공부는 과학이다

★★★
YouTube
조회수
400만 뷰
돌파

최고의
공부법
Maximizing
Learning

잇북
it BOOK

안녕하십니까? 야스카와 코스케입니다.

우선 이 책을 선택해주신 여러분께 감사의 말씀을 드립니다.

이 책은 독자 여러분이 '과학적으로 근거가 있고 효과가 큰 공부법'에 대해 이해하고 실천함으로써 조금이라도 더 나은 인생을 보낼 수 있기를 바라는 마음으로 썼습니다.

'과학적인 근거'란 단순한 개인의 경험이나 전통적인 방법이 아니라 심리학이나 뇌과학 연구로 밝혀진 객관적인 근거에 기초하고 있다는 것을 의미합니다.

또 이 책은 특정한 시험이나 자격증 취득을 위해 공부하는 사람뿐만 아니라 모든 학습자를 위해 쓴 책입니다. 이 책에서 소개하는 공부법은 어학 학습, 자기 계발을 위한 공부, 취미 관련 학습, 독서나 인터넷을 통한 정보수집 등 새로운 지식을 습득할 때의 모든 상황에서 참고가 될 것입니다.

▶▶ 공부한다는 것은 무엇인가?

일상생활 속에서 '공부'라는 단어는 빈번하게 사용됩니다. "공부해라."라고 아이를 닦달하는 부모도 있고, "오늘은 자격증 시험에 대비해 공부할 거야."라고 친구와 대화를 나눌 때도 있습니다. 우리의 일상에서 공부라는 단어는 그것이 무엇을 의미하는지 뻔하다는 듯 사용되고 있습니다.

그러나 잘 생각해보면 '공부한다'는 행위는 참으로 복잡합니다.
'공부한다'는 것은 사람이 어떤 새로운 지식이나 기술을 습득하려고 할 때 글을 읽는다, 강의를 듣는다, 노트에 적는다와 같은 겉으로 보이는 행위만을 말하는 것이 아닙니다. 머릿속에서 입력된 정보를 어떻게 처리하고 있는지, 입력한 후 언제, 어떻게 사용하는지를 세세하게 살펴보면 '공부한다'는 행위에는 사람에 따라 큰 차이가 있습니다.

'공부한다'고 할 때 실제로 이루어지는 과정은 평소엔 언어화되는 일이 적은, 이른바 블랙박스가 하는 일 같은 행위처럼 느껴집니다. 그래서 우리는 공부한다는 행위를 종종 "한 시간 공부했어." "20페이지 공부했어." "50문제 풀었어."와 같이 시간, 페이지 수, 문제 수와 같은 알기 쉬운 지표로 변환하곤 하는 것입니다.

'공부한다'는 행위를 단일한 행위로 인식해버리면 한 집단이 같은

5

공부 범위를 같은 기간(예를 들어 1주일) 공부한 후에 시험을 치르고, 누군가의 점수가 높으면 '저 사람은 머리가 좋다', 그리고 누군가의 점수가 낮으면 '머리가 나쁘다'와 같이 인식해버리는 경우가 있습니다.

그러나 실은 공부 과정에 대해 우리는 좀 더 해상도를 높일 필요가 있습니다.

▶▶ 어떤 과정이 좀 더 효과적일까, 효과적이지 않을까?

'공부한다'는 행위 중에서 어떤 과정이 좀 더 장기적인 기억 형성에 효과적이고, 어떤 과정이 효과적이지 않은지, 우리 인간은 100년 이상이나 전부터 학술적인 연구를 하며 식견을 쌓아왔습니다. 연구를 통해 우리가 직감적으로 효과적이라고 느끼는 공부법이 반드시 효과가 큰 것은 아니라는 것도 밝혀지게 되었습니다.

지금은 공부법에 관해 과학적인 식견이 축적되었음에도, 여전히 그러한 정보가 사회에서 널리 공유되고, 실제 교육현장에서 널리 이용되고 있는 상태에 있다고는 할 수 없습니다.

이상하게도 지금의 학교 교육에서는 공부해야 할 내용은 가르치지만, '어떻게 하면 과학적 근거에 따른 효과적인 공부를 할 수 있는가'라는 공부법 자체에 대해서는 별로 가르쳐주지 않습니다.

▶ 상위 1% 이내로 미국 의사국가시험에 합격한 공부법

현재, 저는 의사로 미국 병원에서 다양한 사람들과 만나면서 매일 진찰과 의대생이나 인턴 등의 의학 교육을 담당하고 있습니다.

돌이켜보면 일본에서 의사가 되겠다는 목표를 가지고 미국의 임상의로 일하게 되기까지, 그리고 의사가 되고 나서도 정말 오랜 시간을 공부에 매달려왔습니다. 또 인생의 제한된 시간 속에서 하고 싶은 것, 해야 하는 것이 널려 있는 와중에 어떻게 효율적으로 공부하면 되는지에 관해서도 고민해왔습니다.

고등학교 시절엔 럭비와 만담 등 동아리 활동에 빠져 지내면서도 성적은 전교 1등이었습니다.

게이오기주쿠 대학 의학부를 졸업했을 때의 성적은 전교 8등. 의학부 졸업반 때는 정말 바쁘게 지냈는데 병동 실습을 하면서 일본 각지의 병원을 돌아다니며 견학도 했고, 여름방학 때는 미국 병원에서의 실습에 대비해 영어 공부와 그 준비를 했습니다. 그리고 졸업반 후반기에는 어렵기로 유명한 미국 의사국가시험을 졸업 전에 응시하기로 결심하고 본격적으로 시험공부를 시작했습니다.

외국인으로서 미국 병원에 채용되기 위해서는 미국 의사국가시험에 단순히 합격하는 것이 아니라 고득점으로 합격하는 것이 중요했습니다. 전 세계의 우수한 의사들이 미국 병원에서 일하는 것을 목표로 삼고 있고, 특히 대학병원에서의 레지던시(연수)는 바늘구멍이라 일컬어지고 있습니다. 미국 의학부를 졸업한 의사가 대학병원의 포지션 대부분을 차지하고 있기 때문에 수천 명에 달하는 외국인 의사가 한정된 포지션을 놓고 경쟁을 벌이게 됩니다.

　제가 학생이었을 때 게이오기주쿠 대학 의학부에서는 일본의 의사국가시험을 앞두고 약 2개월 전까지 병동에서 실습을 했기 때문에 일본과 미국, 두 개 국가의 의사국가시험을 공부하기에는 시간이 정말 한정적이었습니다.

　일본의 의사국가시험을 앞두고 2주일 전까지는 공부에 쓸 수 있는 시간의 절반씩을 각 시험공부에 할당해서 일본어와 영어로 된 각각 수천 페이지에 달하는 교과서와 수천 문제나 있는 문제집을 파고들었습니다. 그렇게 일본의 국가시험을 본 후에 미국의 의사국가시험 공부를 계속했고, 의학부 졸업식 전날에 8시간에 걸쳐 미국 시험을 봤습니다. 그 결과, 무사히 미국의 의사국가시험을 상위 1% 이내라는 고득점으로 합격할 수 있었습니다.

　당시, 많은 외국인 의사들이 미국의 의사국가시험이나 유학에 관해 정보를 공유하기 위한 인터넷 게시판이 있었습니다. 그곳에는 전 세계 의사들이 자신이 취득한 점수를 공개해놓았는데, 저보다 높은 점수를 취득한 외국인 의사는 없었습니다.

　그때의 공부법은 이 책에서 소개하겠습니다.

▶▶ 누구나 즉시 실천할 수 있다

미국 국가시험에서 고득점을 받은 덕분인지 저는 미네소타 대학병원에 응모한 약 2000명의 외국인 의사 중에서 수십 명의 면접시험 대상자에 뽑혔습니다. 이 수십 명에서 다시 압축하여 몇 명의 외국인 의사만이 채용됩니다.

원래는 면접 후에 연수 희망자와 병원이 서로의 희망을 리스트로 작성해 제출하고, 컴퓨터 알고리즘을 이용해 채용을 결정하는 매칭 제도라는 과정을 거칠 필요가 있습니다. 그런데 면접 도중에 제가 정말 마음에 들었는지 그 자리에서 바로 채용되어 목표로 하던 임상 유학을 실현하게 되었습니다.

미국으로 건너간 후에도 병원에서 임상의로 일하면서, 때로는 거기에 가사와 육아 대부분을 담당하면서, 몇 가지 시험(내과 전문의 시험, 미국 감염증 전문의 시험, 집중치료 심장 초음파 시험 등)에 상위 1~10%의 성적으로 합격했습니다.

이렇게 쓰면 저에 대해 머리가 정말 좋은 사람인가 봐, 기억력이 대단한 사람이니까, 라고 생각하시는 분도 계실지 모릅니다. 하지만 안타깝게도 제 머리가 특별히 좋지는 않습니다. 기억력도 좋은 것이 아니라 오히려 나쁘지 않을까 하고 저 스스로 불안해질 때조차 있을 정도입니다.

그런 제가 지금까지 그런대로 좋은 성과를 낼 수 있었던 큰 이유 중

하나는 제가 해온 공부법이 과학적으로도 효과가 큰 공부법이었기 때문이라고 생각합니다.

그렇긴 해도 처음부터 제 공부법이 과학적으로 효과가 크다는 것을 알았던 것은 아닙니다. 나중에 학습 관련 논문을 읽으면서 '과연 그런 것이었구나.'라고 느꼈던 것을 기억합니다.

이 책에 쓰여 있는 공부법은 누구나 바로 실천할 수 있는, 효과가 확인된 공부법입니다.

▶▶ 자신의 공부법에 자신감을 가질 수 있다

저는 YouTube에 과학적인 정보를 중심으로 꾸준히 콘텐츠를 올리고 있습니다(2025년 1월 현재 구독자 수 약 16만 명). '과학적인 근거가 있는 공부법에 관한 정보가 세상에 좀 더 널리 알려지면 좋겠다.'라는 생각으로 2023년에 효과가 큰 공부법과 제가 해온 공부법의 일부를 소개하는 동영상을 올렸더니 현재까지 400만 회 이상 재생되는, 상상 이상으로 큰 반향을 불러일으켰습니다.

"이 동영상 덕분에 목표를 향해 나아갈 수 있을 것 같습니다."

"50대가 되어 대학에 들어갔지만 학습능력이 떨어져서 고민이 많았습니다. 이 동영상을 보고 지금은 열심히 공부합니다."

"이것을 내가 어렸을 때 알았다면 좋았을 텐데."

"중학생 때 이 동영상을 봤으면 좋았을 텐데."
"내 공부법에 자신감을 가질 수 있었다."

동영상을 보신 분들이 남겨주신 수많은 댓글이 이 책을 쓰는 데 원동력이 되었습니다.

이 책에는 제가 터득한 과학적이고 효과적인 공부법의 에센스가 집약되어 있습니다. 나 혼자 공부하다가 우연히 찾아낸 효과적인 공부법을 잘난 척하듯 가르치는 책이 아니라, "여러분, 공부는 이렇게 했더니 좋은 것 같아요!"와 같은 내용의 책입니다.

우선 제1장에서는 과학적으로 효과가 별로 크지 않은 공부법을 소개합니다. 왜냐하면 공부의 효율을 올리고 싶다면 비교적 효과가 작은 공부법에 대해 알고 이런 공부법에 들이는 시간을 줄이고 그만큼을 효과가 큰 공부법에 할당하는 것이 중요하다고 생각하기 때문입니다.

많은 사람이 효과가 좋은 줄 알고 하고 있지만, 오히려 효과가 크지 않은 공부법의 예로는 단순히 반복해서 읽는 것, 참고서나 교과서의 내용을 노트에 베껴 쓰거나 정리하는 것이 있습니다.

제2장에서는 과학적으로 봐서 효과가 크다고 하는 공부법에 대해 그 근거가 되는 대표적인 논문을 일부 소개하면서 자세히 설명합니다. 또 이러한 공부법을 제가 어떻게 실제 공부에 활용해왔는지도 구체적

으로 소개합니다.

이 책은 지식의 소개뿐만 아니라 어디까지나 독자 여러분의 생활에 어떻게든 좋은 변화를 일으키는 것을 목표로 하고 있기 때문에 효과가 큰 공부법을 평소의 일상생활이나 공부에 어떻게 활용할 수 있는지 이 책을 통해 여러분과 함께 생각해보고 싶습니다.

제3장에서는 인류가 고대에 고안해 낸, 그리고 기억력 선수라 불리는 사람들이 사용하는 기억술에 대해 숫자나 영어 단어 등 몇 가지 다른 예를 들면서 설명합니다.

이러한 기술은 특히 기억하기 어려운 정보를 쉽게 기억하고 싶을 때 유용합니다.

기억술에 관해서는 이미 많은 서적이 나와 있습니다만, 되도록 학습에 활용할 만한 정보를 예로 제가 어떻게 활용했는지, 일반적인 공부에 기억술을 활용할 때의 포인트와 주의점에 관해서도 설명하면서 소개합니다.

제4장에서는 우선 공부에서의 동기 부여에 대해 학술적인 키워드를 소개하면서 동기 부여를 높이기 위해서는 어떤 방법을 생각할 수 있는지에 관해 설명합니다.

또 이 장에서 소개하는 자기 결정 이론 등의 이론적 아웃라인은 공부의 동기 부여에 머무르지 않고 일이나 건강 등 폭넓은 영역에서의 동기 부여를 생각할 때도 도움이 될 것입니다. '공부의 힌트'에서는 기억에서 호기심의 중요성 등 다른 장에 수록하지 않은 공부를 위해 도움이 될 만한 다양한 정보를 담아보았습니다.

4장의 후반부에서는 무언가를 기억하는 데 있어서 중요한 수면이나 운동에 관해 과학적인 근거를 제시하면서 설명합니다.

공부법에 관한 책은 수없이 많지만, 무언가 새로운 것을 배우기 위해서는 어떤 방법을 취해야 좀 더 효율적으로 학습할 수 있는지에 대해 되도록 중요한 포인트로 압축하여 이해하기 쉽게 설명하려고 했습니다. 학교에서는 좀처럼 가르쳐주지 않는, 하지만 가능한 한 많은 사람에게 알려주고 싶은 '두뇌 사용법'입니다.

공부법에 관해 그냥 '대충 아는' 수준이 아니라 '깊이 이해가 되는' 수준까지 파고 들어가서 전달해드릴 수 있으면 좋겠다는 생각으로 썼습니다.

무언가를 배우고자 하는 모든 사람, 그리고 가르치는 사람에게 이 책이 도움이 될 수 있다면 정말로 기쁠 것입니다.

야스카와 코스케

CHAPTER 1
과학적으로 효과가 크지 않은 공부법

과학적으로 효과가 큰 공부법

CHAPTER **3**

기억하기 어려운 것을 기억하는 고대로부터 내려온 기억술

CHAPTER 4

공부와 관련된 몸과 마음, 환경을 조절하는 법

1

과학적으로
효과가 크지 않은
공부법

1. 반복해서 읽는다(재독)

2. 노트에 베껴 쓴다·정리한다

3. 형광펜으로 칠하거나 밑줄을 긋는다

4. 좋아하는 학습 스타일에 맞춘다

반복해서 읽는다(재독)

효과가 큰 공부법에 대해 알아보기 전에 많은 사람이 하는 '비교적 효과가 작은 공부법'에 대해 알아보고자 합니다.

나름대로 시간을 들여가며 공부하고 있는데 잘 외워지지 않는다, 시험 점수가 올라가지 않는다는 분은 이런 방법을 중심으로 공부하고 있지는 않은지 되돌아보길 바랍니다. 또 공부를 잘하는 사람도 왜 자신이 주위 사람들보다 공부를 잘하는지 생각해보는 것에 의해 자신의 공부법을 더욱 효율적인 공부법으로 만들 수 있으리라 생각합니다.

처음에 다루고 싶은 것이 '반복해서 읽는다(재독)'라는 공부법입니다.

교과서나 책은 몇 번씩 반복해서 읽는 것이 좋다고 어디선가 듣거나 읽은 적이 있는 사람이 많을지도 모릅니다. 반복해서 읽는다, 재독한다는 공부법은 가장 일반적인 공부법 중 하나라고 할 수 있습니다.

미국의 한 명문대학교 재학생을 대상으로 한 조사에서는 설문에 답한 84%의 학생이 노트나 교과서의 재독을 시험에 대비해서 사용하는 공부법이라고 대답했습니다.[1] 그리고 설문에 답한 절반 이상(54.8%)의 학생이 재독이 가장 중요한 공부법이라고 대답했습니다.

그럼, 재독은 효과가 큰 학습 방법이라 할 수 있을까요?
결론부터 말하면 '단순히 반복해서 읽는 것'은 이 책에서 설명하는 다른 공부법과 비교하면 효과가 작다는 것이 밝혀졌습니다.

연구

콜로라도 대학교의 대학생들을 대상으로 한 연구에서는 약 1,500~1,700단어의 글을 재독한 그룹과 재독하지 않은 그룹으로 나눠서 내용을 가능한 한 많이 떠올리게 하는 시험과 단답형 시험을 2일 후에 보게 했습니다. 글을 계속해서 두 번 읽은 학생과 한 번 읽은 학생은 2일 후의 시험 성적에 유의미한 차이(통계학적인 분석에 기초하여 평가된 차이)는 없었습니다.[2]

또 다른 연구에서도 교과서나 과학 잡지로부터 뽑은 다른 글(학생에게 어느 정도 익숙한 주제나 별로 익숙하지 않은 주제)을 재독한 그룹과 한 번만 읽은 그룹으로 나눠서 다지선택형이나 단답형 등의 문제를 대학생들에게 풀게 했습니다. 이 연구에서는 직후, 그리고 1일 후의 시험에서의 정답률이 재독한 학생과 한 번만 읽은 학생 사이에서 대부분 유의미한 차이가 없었는데, 재독에 큰 학습 효과가 없는 것을 뒷받침하는 결과였습니다.[3]

일단 보충하면 재독은 쓰여 있는 내용을 단기적으로 외우기 위해서는 1회만 읽는 것보다 효과가 있다는 연구 보고가 다수 있습니다.[2, 4, 5]

예를 들어 고등학생과 대학생 155명을 대상으로 한 연구에서 참가자에게 글을 몇 번 반복해서 읽은 직후에 보충 문제를 풀게 했더니 글을 한 번만 읽은 학생보다 두 번 읽은 학생의 정답률 쪽이 높다는 결과가 나왔습니다.[4] 그러나 네 번 읽은 학생과 두 번 읽은 학생은 점수의 차이가 거의 없었습니다.

재독이 단기적으로는 다소 효과가 있을지도 모르지만, 공부의 목적이 좀 더 장기적인 지식의 습득인 것을 생각하면 별로 효과적인 학습법이라고는 할 수 없습니다.

또 재독의 학습 효과에 관해서는 어느 정도의 간격을 두고 재독하는지에 따라서도 달라진다는 것이 밝혀졌습니다. 다음 장에서 설명할 학습 효과가 크다는 '분산 학습'과도 관련이 있는데, 같은 날에 계속 반복해서 읽는 것보다도 며칠에서 1주일로 간격을 두고 재독하는 쪽이 내용을 오랫동안 기억할 수 있다는 보고도 있습니다.[2, 5]

이처럼 표면적으로 정보를 처리하기 쉬워진 것에 의해 실제로는 내용을 기억하고 깊이 이해하지 못하는데도 마치 기억한 것 같은, 이해한 것 같은 기분이 드는 심리적인 현상은 '**유창성의 착각(환상)**(The fluency illusion)'이라 불립니다.

무언가를 학습할 때는 이 유창성의 착각에 주의해야 합니다.[6] 우리의 뇌는 실제로는 확실하게 기억하고, 깊이 이해하지 못하는데도 자신의 지식이나 습숙도(習熟度)를 과대평가하는 경우가 있습니다.

예를 들어 영어 단어 단어장을 홀홀 넘기다가 눈에 익은 단어가 나열된 것을 보고 왠지 그 의미와 용법을 알고 있는 듯한 기분이 듭니다. 수업 시간에 쓴 노트를 다시 펼쳐 보다 본 적이 있다고 해서 기억하고 이해하고 있다고 생각합니다. 여러분 중에서도 그런 경험이 있는 사람이 많지 않습니까?

효과적인 공부를 하기 위해서 중요한 것은 어느 정도 적극적으로 자신의 뇌에 부하를 거는 것이라고 밝혀졌습니다. 학습 분야에서는 '**바람직한 어려움**(Desirable difficulties)'이라 불리고,[7] 이 책의 후반부에서 설명할 효과적인 학습법은 이 '바람직한 어려움'을 만들어내는 방법이라고도 할 수 있습니다.

> **QUESTION**
> 유창성의 착각(환상)
> 이란 무엇입니까?

▶▶ 던로스키 교수팀에 의한 보고서의 평가 기준에 관해

다양한 학습 방법의 유용성에 관해 방대한 과거의 연구를 조사하고 정리한 켄트주립대학교 심리학부의 던로스키 교수팀에 의한 유명한 보고서가 있습니다.[5] 이 보고서에서 재독이 어떻게 평가되고 있는지를 소개하기 전에 우선 이 책에서 종종 다루게 될 이 보고서에 관해 간략히 설명하겠습니다.

이 보고서에서는 비교적 실천하기 쉬운 학습 방법을 채택해 다음 네 가지 측면에서 유용성을 평가했습니다.

- 교재: 단어, 문장, 강의 내용, 숫자 등 폭넓은 학습에 사용할 수 있는 공부법인가
- 학생의 특성: 연령, 각 학생의 능력, 기초지식 등 다른 특성을 지닌 학습자도 사용할 수 있는 공부법인가
- 학습 상황: 어떤 상황에서, 몇 번 할 필요가 있는가 등
- 평가 기준: 어떤 테스트·방법에 따라 그 학습법의 효과가 평가되었는가. 암기문제뿐만 아니라 이해도나 응용법을 시험하는 문제에서도 검증되었는가

이 책에서는 이 보고서에서 '높은 유용성' 혹은 '중등도의 유용성'이라 평가받은 것을 중심으로 과학적으로 효과가 큰 공부법으로서 자세히 설명합니다.

▶▶ 학습의 인지 과정에는 몇 가지 단계가 있다

그런데 제 YouTube 채널을 통해 몇 가지 공부법을 소개하는 영상을 올렸더니 "이건 암기 로봇을 만드는 방법입니까?"라는 댓글이 달린 적이 있었습니다.

이 질문에는 분명하게 "아닙니다."라고 대답할 수 있습니다.

교육학 분야에는 '교육 목표의 분류'라는 것이 있고, 학습에서의 인지 과정에는 몇 가지 단계가 있다고 봅니다. 교육심리학자인 블룸 등에 의해 개발된 〈블룸의 텍사노미〉의 개정판에서는 인지 과정에는 다음 그림과 같은 저차원에서 고차원에 이르는 인지 과정이 있다고 합니다.[8, 9]

학습 방법의 효과를 과학적으로 검증할 때 연구자들은 이러한 단계를 의식하고 있기에 단지 '내용을 그대로 기억하고 있는지'뿐만 아니

학습에서의 인지 과정

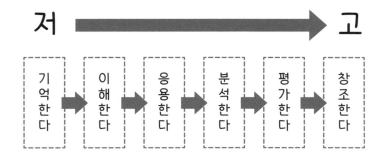

라 그 지식을 이해하고 있는지, 응용할 수 있는지에 관해서도 검증합니다.

던로스키 교수팀의 보고서에서도 학습 방법의 유용성을 평가할 때 이 점에 특히 유의하고 있습니다.

▶▶ '기억하는 것'은 학습의 기본

암기는 중요하지 않다고 말하는 분도 있는데, 기억한다는 것은 학습의 기본이고, 정보를 기억할 수 없으면 이해나 응용도 할 수 없습니다.

게다가 새로운 정보를 기억하려면 과거에 습득한 자신의 지식과 관련지어서 기억하는 경우가 많고, 아무런 이해 없이 기억하는 것은 어렵습니다. 그렇기에 '기억한다'와 좀 더 고차원인 '이해한다'와 같은 인지 과정은 복잡하게 얽혀 있다고 할 수 있습니다.

이야기를 다시 처음으로 되돌리면, 재독에 관해 던로스키 교수팀의 보고서에서는 아래와 같이 평가하고 있습니다.

"현시점의 과학적 근거에 따라 재독의 유용성은 낮다고 평가한다."

그 이유로 예를 들어 대학생 외에는 효과가 별로 검증되지 않은 것, 재독으로 이해가 높아지는 효과가 그다지 명확하지 않은 것, 그리고 가장 중요한 점으로 앞으로 설명할 다른 학습 방법과 비교하면 효과가 작은 것을 들 수 있습니다.

시간을 갖고 교과서나 참고서, 영어 단어 책을 몇 번씩 반복해서 읽었는데도 좀처럼 외울 수 없다, 시험 점수가 올라가지 않는다는 사람은 주의할 필요가 있습니다.

물론 무언가를 '읽을' 때 머릿속에서 정보가 어떻게 처리되는지는 사람에 따라 다릅니다. 앞으로 소개할 '정교화 질문'이나 '자기 설명' 등 뇌에 좀 더 많은 부하가 걸리는, 기억에의 정착이나 이해력을 높이는 작업을 재독에 편입하는 사람은 그 효과도 달라질 것입니다.

제가 공부할 때를 되돌아봐도 교과서나 교재를 단순히 반복해서 읽는 것, 특히 전체를 반복해서 통독한 적은 한 번도 없었습니다. 의학을 공부하게 되어 정보의 양과 교재의 글자 수가 방대한 것도 이유 중 하나입니다.

공부하는 분야의 글자 수가 많아지거나 난도가 높아지곤 하면 반복해서 읽는 것이 시간적으로도 매우 어려워집니다.

저는 시험공부를 할 때, 특히 고득점을 목표로 할 때는 계통적인 지식의 토대를 만들기 위해서도 한 번은 교과서 전체를 읽으려고 합니다 (그것도 앞으로 설명할 효과가 큰 공부법을 적용하면서 읽습니다). 또 부분적으로 교과서나 참고서를 재독할 때는 주로 '기억하지 못한 지식을 확인하기 위해서' 재독합니다.

제 공부법이 절대로 옳다, 여러분도 저를 따라서 하길 바란다는 것은 아닙니다. 단지, 공부법을 생각할 때 참고가 되는 것이 있을지도 모르기에 이 책에서는 곳곳에 제가 실천하고 있는 공부 방법에 관해서도 적어두고 싶었습니다.

이 책으로 효과적인 공부법을 실천해보자

이 책에서는 과학적인 근거가 있는 공부법을 독자가 읽어 나가면서 실제로 시험해볼 수 있도록 몇 가지 장치를 마련해두었습니다.

페이지 하단에 이따금 나오는 포스트잇 형식의 'QUESTION'(질문), 섹션이나 장 끝에 있는 '복습 노트'에 생각나는 만큼 최대한 답을 적어주세요. 그때 확실하게 대답할 수 없을 때는 이전 페이지로 돌아가서 해당 내용을 확인하면 됩니다.

또 이 책을 읽으면서 당신이 생각한 것이나 의문스럽게 생각한 것을 페이지 여백에 적어보세요.

✔ 단순히 반복해서 읽는 것(재독)의 유용성은 던로스키 교수팀의 학
　습에 관한 보고서에서 어떻게 평가되고 있습니까?

✔ '유용성의 착각(환상)'이란 무엇입니까?

노트에 베껴 쓴다·정리한다

재독에 이어 말하고 싶은, 효과가 별로 크지 않은 공부법은 '교과서나 참고서의 글을 노트에 단순히 베껴 쓰거나 정리하는 것'입니다.

교과서나 참고서의 내용을 예쁜 글씨로 노트에 베껴 쓰거나 정리하는데도 시험 점수가 좋지 않은 사람이 의외로 많지 않습니까? 참고서의 포인트라고 생각하는 부분이나 영어 단어장에서 영어 단어를 노트에 정성껏 베껴 쓰거나 정리하는 것은 그것만으로도 성취감이 느껴지고 '공부한 마음'이 들게 되는 행위입니다.

연구

미국의 고등학생 180명을 대상으로 노트 사용법에 관한 학습 효과를 조사한 연구를 살펴보기로 하죠.[10] 이 조사에서는 다음과 같은 복수의 그룹으로 학생들을 나누고 아프리카의 가상 부족에 관한 2000단어의 글을 고등학생에게 읽게 했습니다.

- A그룹: 각각의 페이지를 읽은 후에 짧게 석 줄로 내용을 정리한다(요약)
- B그룹: 읽을 때 중요하다고 생각하는 문장이 나오면 자신의 언어로 노트에 적는다(패러프레이즈)
- C그룹: 중요하다고 생각하는 문장을 석 줄 그대로 베껴 쓴다
- D그룹: 글을 읽기만 한다

그리고 공부 직후와 1주일 후에 내용에 관한 시험을 보게 하여 학습 효과를 조사했습니다. 결과는 문장을 그대로 베껴 쓴 학생과 단지 글을 읽기만 한 학생이 다르지 않았다는 것이었습니다.

쓰여 있는 글을 그대로 베껴 쓰는 작업은 글을 외우거나 이해하지 않아도 할 수 있는 일인 데다 뇌에서 부하가 걸리는 처리가 거의 이루어지지 않기 때문에 학습 효과가 작은 것이라 여겨집니다.

그렇다면 자신의 언어로 정리하는 방법의 학습 효과는 어떨까요? 이 연구에서는 패러프레이즈한 B그룹과 좀 더 짧게 요약한 A그룹의 점수가 같고, 단지 읽기만 한 학생이나 그대로 베껴 쓴 학생보다 점수가 높았습니다.

읽은 문장을 자신의 머릿속에서 처리하여 바꿔 말하는, 정리하는 것에는

일정한 효과가 있다는 연구 보고는 이외에도 다수 있습니다.

그러나 주의해야 할 것은 무언가를 '요약'한다는 경우의 방법과 그 질입니다. 어느 정도의 기초지식이 있고, 어느 부분을 중요하다고 판단하고, 어느 정도의 양의 정보를 어느 정도의 글로 정리하는지 등 요약하는 능력과 요약한 정보의 질에는 상당한 개인차가 있습니다.

미국의 대학생을 대상으로 한 요약의 학습 효과를 알아본 조사가 있습니다.[11] 심리학을 공부하고 있는 대학생에게 '논리학에서의 오류'라는 주제에 대해 아래의 그룹으로 나누어 공부하게 했습니다(실제로는 좀 더 많은 그룹으로 나눴지만 생략합니다).

- A그룹: 내용을 친구에게 가르칠 수 있도록 요약한다
- B그룹: 특별한 지시를 받지 않고 평소와 같이 공부한다

학습 후 대학생들에게 내용에 관한 응용문제를 풀게 했더니 두 그룹의 시험 점수에는 유의미한 차이가 없었습니다. 또 요약한 내용을 자세히 살펴보니 요약문의 약 3분의 1 이상에는 논리학에서의 오류에 관한 확실한 정의가 쓰여 있지 않았고, 적확하게 정보를 파악한 질 높은 요약을 한 학생은 시험 점수가 좀 더 높았다는 것이 보고되었습니다.

요약을 잘할 수 있도록 특별한 훈련을 하면 학습 효과가 커진다는 보고도 있는데,[12] 그런 특별한 훈련을 받는 사람이 많지는 않습니다. 게다가 앞으로

설명할 몇 가지 학습법과 비교해도 요약의 학습 효과가 작다는 보고가 있습니다.

던로스키 교수팀에 의한 보고서는 요약에 대해 아래와 같은 평가를 내렸습니다.[5]

"현시점의 과학적 근거에 따라 요약의 유용성은 낮다고 평가한다."

요약을 잘하는 학습자에게는 효과적인 학습 방법이 될 수 있다고 해도, 많은 학습자(아이나 고등학생, 일부 대학생 등)에게는 제대로 요약하는 훈련이 필요하다고 합니다.

수업 시간 등에 노트에 쓰는 것 자체(그것을 복습한다는 행위는 별도로 합니다)에는 학습 효과가 얼마나 있느냐에 관한 57가지 연구를 정리하여 분석한 연구 보고에 따르면 효과는 있지만 제한적이라고 쓰여 있습니다.[13]

▶▶ 새롭게 습득한 정보는 참고서에 적어서 기억에 정착

이제부터는 저의 개인적인 노트 필기나 정리에 관한 경험이나 생각을 쓰겠습니다.

반복되는 말이지만 이것이 옳다는 것이 아니라 참고 정도로 읽어보시길 바랍니다. 시험공부에 필요한 정보가 어느 정도 정리된 교재가 있는 경우엔 스스로 정리 노트를 다시 만들거나 다른 노트에 정보를 베껴 쓸 필요성은 낮고, 시간도 아깝습니다.

고등학교와 대학교의 수업에서도 교과서에 쓰여 있는 것을 그대로 칠판에 옮겨 쓰는 교사의 수업이나, 수업 내용이 교과서에 너무 충실한 선생의 수업은, (노트가 채점 대상이 되는 특별한 이유가 있는 경우를 제외하고는) 개인적으론 노트에 필기할 이유가 별로 없지 않을까 생각합니다.

저는 고등학교나 대학교 때 그런 수업이 있으면 저 혼자 교과서나 참고서를 읽는 게 효율적이었기 때문에 강의를 빼먹는 일조차 있었습니다. 또 만약 지금 중고등학생 시절로 돌아가 노트에 필기해야 하는 상황이 된다면 '공부의 힌트' 장에서 설명할 '코넬식 노트'와 같은 노트 작성법을 선택할 것입니다.

미국의 의사국가시험을 치를 때 저는 필요 최저한의 정보가 정리된 교과서(그래도 500페이지 이상 깨알 같은 글자가 빼곡한 것이었습니다)의 여백에 다음 페이지의 사진처럼 문제집을 풀 때 얻은 새로운 정보를 적어 넣었습니다. 시험에 필요한 정보를 하나의 소스로 집약한 후에 앞으로 설명할 좀 더 효과가 큰 공부법을 사용하여 기억에 정착시킨 것입니다.

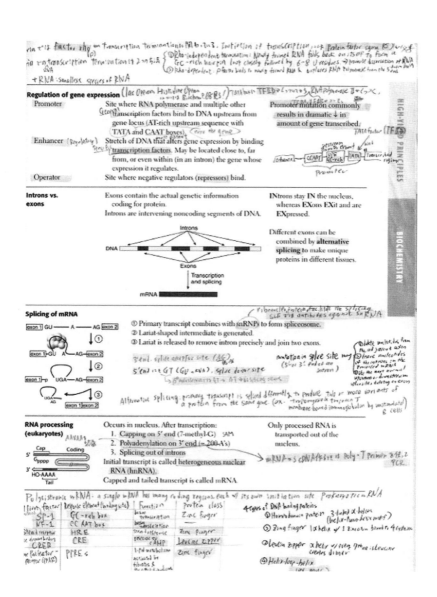

미국 의사국가시험 대비 교과서. 필자가 메모를 써넣은 예

형광펜으로 칠하거나 밑줄을 긋는다

별로 효과가 없는 학습 방법으로서 '형광펜으로 칠하거나 밑줄을 긋는 것'이 있습니다. 알록달록한 형광펜을 사용하여 단어나 문장을 칠하면 왠지 공부한 것 같은 기분이 듭니다. 하지만 안타깝게도 별로 효과가 없는 방법입니다.

연구

예를 들어 미국의 대학생을 대상으로 한 연구에서는 학생을 8000단어의 글을 형광펜으로 칠하는 그룹, 칠하지 않는 그룹, 다른 사람이 형광펜으로 칠한 것을 읽는 그룹으로 나눠 한 시간 동안 읽게 했습니다. 1주일 후 10분 동안만 글을 다시 읽게 하고 나서 내용에 관한 테스트를 시행했더니 어느 그룹이나 테스트 점수에 차이가 없었다는 결과가 나왔습니다.[14]

또 1992년에 보고된 대학생을 대상으로 한 연구에서는 대학에서 사용하는 역사 교과서를 밑줄을 그으면서 읽는 그룹, 긋지 않고 단순히 읽는 그룹으로 나누고 그로부터 일주일 후에 15분간 교재를 다시 읽게 하고 나서 내용에 대한 시험을 보았습니다.[15] 두 그룹의 시험 점수에는 차이가 없었을 뿐만 아니라 흥미롭게도 추론 문제에 관해서는 밑줄을 그으면서 읽고 그것을 다시 읽고 나서 시험을 치른 학생들 쪽이 점수가 낮다는 결과가 나왔습니다.

어쩌면 밑줄이 그어져 있는 부분에만 신경이 쓰여서 전체 내용과 관련지어 이해하는 것이 방해를 받았을 가능성이 있습니다.

그 외에도 형광펜을 학습에 활용한 학생 쪽이 시험에서의 성적이 나쁘다는 보고도 있습니다.[16]

형광펜으로 칠하거나 밑줄을 긋는다는 공부법은 글을 요약하는 것과 마찬가지로 개인차가 있다고 합니다. 즉, 강조하는 부분을 잘 고르는 학습자가 있는가 하면 그렇지 않은 학습자도 있고, 형광펜으로 칠하거나 밑줄을 그은 교재를 활용해서 어떻게 공부하느냐도 사람에 따라 다르다는 것입니다.

앞에서 언급한 방대한 과거의 연구를 조사한 던로스키 교수팀의 보고서에서도 형광펜으로 칠하거나 밑줄을 긋는 것에 대해서는 다음과 같이 정리했습니다.[5]

"현시점의 과학적 근거에 따라 형광펜으로 칠하거나 밑줄을 긋는 것은 유용성이 낮다고 평가한다. 지금까지 검증된 대부분의 상황이나 학습자에게 있어서 그러한 행위는 성적 향상에 거의 효과가 없었다. 형광펜이나 밑줄로 강조된 부분을 좀 더 효과적으로 만드는 지식을 학습자가 갖추고 있는 경우나, 내용이 어려운 경우에는 도움이 될지도 모르지만, 추론을 필요로 하는, 좀 더 고도의 과제에서는 오히려 성과를 떨어뜨릴 가능성이 있다."

▶▶ '형광펜이나 밑줄로 강조해서 공부한 것 같은 기분이 드는 것'에 주의

이처럼 상당히 낮은 평가를 받은 형광펜과 밑줄이지만 저는 책이나 교과서, 학술 논문 등을 읽을 때 형광펜으로 칠하거나 밑줄을 긋는 일이 종종 있습니다. 옛날부터 써와서 익숙한 일본 유니 사의 프로퍼스 윈도우 형광펜을 미국에서도 사서 쓸 정도입니다. 중요한 부분은 형광펜, 그보다 조금 중요성은 떨어지지만 강조하고 싶은 부분은 빨간 펜으로 밑줄을 그어 구분하기도 합니다.

형광펜으로 칠하거나 밑줄을 긋는 것이 그렇게 수고스럽지 않다는 것과 반복해서 통독하지는 않기 때문에 나중에 다시 봐야 할 부분, 자료로 유용할 것 같은 부분은 표시해둡니다(그러니 여러분도 개의치 말고

이 책에 형광펜으로 칠하거나 밑줄을 그어도 됩니다). 그러나 재독과 마찬가지로 별로 효과가 없는데도 '공부한 것 같은 기분이 드는' 경우가 있는 점에는 주의하고, 형광펜으로 칠하거나 밑줄을 긋기만 할 것이 아니라 앞으로 설명할 효과가 큰 학습법도 병행할 필요가 있습니다.

✔ 던로스키 교수팀의 학습에 관한 보고서에서 '유용성이 낮다'고
되어 있는 학습 방법에는 무엇이 있습니까?

좋아하는 학습 스타일에 맞춘다

누군가와 공부법에 관해 이야기할 때 "공부법은 사람마다 제각각이지. 자신이 좋아하는 학습 스타일로 공부하는 것이 가장 효과적이야." 등의 말을 들으면 왠지 그럴싸하게 들리며 '그럴지도 몰라.' 따위로 생각할지도 모릅니다. 실제로 인터넷에는 학습 스타일을 판정하거나, 학습 스타일에 맞춰 학습하는 것의 중요성을 주장하는 웹사이트가 여럿 있습니다.

학습 스타일에 맞춘 공부법이란 예를 들어 시각 정보를 좋아하는 사람은 그림이나 그래프, 영상 등의 시각적인 정보를 중심으로 학습하고, 귀로 듣는 것이 좋은 사람은 음성 교재 등의 청각 정보를 중심으로 한 학습을 하고, 읽는 것을 좋아하는 사람은 문자 정보를 중심으로 학습한다는 것을 가리킵니다.

학습자를 이런 학습 스타일로 나누고 그 사람에게 맞는 공부법으로 하는 게 효과가 크지 않을까라는 의견이 왠지 옳은 말처럼 들리기 때문인지 미국에서도 유행하고 있습니다.

그러나 이런 학습자 취향의 학습 스타일을 판별하고, 학습 방법을 바꾼 것이 효율적인지에 관해서는 현시점에서 과학적 근거가 별로 없는 것 같습니다.

저명한 인지심리학자들이 학습 스타일의 효과에 관해 정리한 〈학습 스타일: 개념과 과학적 근거〉라는 논문이 있습니다.[17] 이 논문에서는 학습자의 학습 스타일을 판별하고, 그것에 맞춘 학습을 하는 것이 좋다는 과학적인 근거가 현시점에서는 불충분하고, 몇 가지 연구에서는 그것을 뒷받침할 수 없는 결과가 나왔다고 합니다.

연구

예를 들어 학습자를 시각 정보를 좋아하는 시각형(Visualizer)인지 언어형(Verbalizer)인지를 설문과 공간인지능력의 테스트로 나누고, 전자공학에 관해 시각 정보를 중심으로 한 학습과 문자 정보를 중심으로 한 학습 중 어느 쪽인지를 선택하게 하여 그 효과의 차이를 조사한 연구가 있습니다.[18]

이 조사에서는 각자의 학습 스타일에 맞춘 학습을 해도 특별히 학습 효과가 커지지 않았습니다.

또 다른 연구로 해부학 과정을 이수하는 대학생 426명에게 시각형, 청각형, 읽고 쓰기형, 운동 감각형(실제로 몸을 움직여서 경험하는 것으로 학습하는 것을 좋아하는 타입)을 판정하는 질문표에 답을 하게 한 후 실제로 어떻게 공부했는지를 알아보고 성적과의 관계를 조사한 것이 있습니다.

이 연구에서는 자신의 학습 스타일과 맞는 공부법을 택한 학생의 성적은 자신의 학습 스타일과는 다른 공부법을 택한 학생과 비교하여 크지 않았다고 밝혀졌습니다.[19]

▶▶ 독자적인 공부법에 너무 얽매이지 말고 유연하게 시도한다

자신이 좋아하는 학습 스타일로 공부하는 것이 동기 부여로 이어지고, 그렇지 않은 경우는 공부에 대한 의욕이 사라져버리는 것이라면 좋아하는 스타일로 공부하는 게 좋은 점도 있다고 생각합니다.

다만, '자신에겐 이 공부법이 가장 적합하다.'라고 지나치게 얽매여서 진짜로 효과적인 공부를 할 수 없게 되는 경우는 주의가 필요합니다.

왜냐하면 앞으로도 몇 번에 걸쳐 설명하겠지만, 효과가 큰 공부법이라는 것은 스스로는 그 효과를 실감할 수 없기 때문입니다. 시도해봤을 때는 '이건 별로 좋지 않구나.' '잘 외워지지가 않아.'라고 느끼는 학습법이 실은 장기적으로 보면 좀 더 효과가 큰 경우도 있습니다.

그러므로 '타인과 다른 자신에게만 맞는 공부법'에 너무 얽매이지 말고, 이 책에서 소개하는 공부법을 유연하게 시도해보고, 받아들여보는 것이 중요하다고 생각합니다.

자, 지금까지는 일반적으로 활용되고 있지만 별로 효과적이지 않다고 여겨지는 학습 방법에 관해 썼습니다.

긴 시간, 형광펜으로 칠하거나 밑줄을 그으면서 반복해서 교재를 읽고, 노트에 베껴 쓰거나 정리하는 등 큰 노력을 쏟았는데도 성적이 오르지 않았던, 결과가 좋지 않았던 사람은 '머리가 좋지 않은' 것이 아니라 '지금까지의 공부법이 좋지 않았을' 뿐이라고 생각합니다. 그런 사람은 공부에 대한 접근 방법을 바꾸는 것만으로도 지금까지보다 훨씬 좋은 결과가 나올 것입니다.

✔️ 과학적으로 효과가 크지 않은 공부법에는 어떤 것이 있습니까? 생
  각나는 만큼 써보세요.

✔️ 자신의 학습 스타일은 어떤 것이라고 생각합니까?

CHAPTER

2

과학적으로
효과가 큰 공부법

액티브 리콜

지금부터는 과학적으로 학습 효과가 크다고 알려진 효율적인 공부법에 관해 그 근거가 되는 논문의 일부를 소개하면서 설명하겠습니다. 이 책에서 소개하는 효과적인 공부법을 의식하고 실천하는 것만으로도 공부의 효율은 극적으로 바뀌리라 생각합니다.

▶▶ 액티브 리콜이란

우선 어떤 것을 배우는 데 있어서 결정적으로 중요한 것이 '**액티브 리콜**(Active recall)'입니다.

왠지 어려운 말 같지만 쉽게 말하면 액티브 리콜이란 '공부한 것이나 기억하고 싶은 것을 능동적으로 생각해내는 것, 기억에서 꺼내는 것'입니다.

'응? 기억하고 싶은 것을 열심히 기억에서 꺼낸다? 그렇게만 하면 된다고?'

이렇게 생각하는 분도 많을지 모릅니다.

실은 지금까지의 학습에 관한 수많은 연구에서 무언가를 기억하기 위해서는 그것을 적극적으로 생각해내는 작업이나, 뇌에서 열심히 꺼내는 작업이야말로 결정적으로 중요하다는 것이 밝혀졌습니다.

학술적으로는 액티브 리콜 외에도 **상기 연습·검색 연습**(Retrieval practice), **연습 테스트**(Practice test)라 불리는 것이 있는데 같은 개념입니다.

참고로 정보를 적극적으로 생각해내는 것에 의해 그 정보가 장기 기억에 정착하기 쉬워지는 현상을 **시험 효과**(Testing effect)라 합니다. '상기 연습', '연습 테스트', 그 효과인 '시험 효과'라 하면 일반적으로 상상하는 시험이나 퀴즈 등을 풀어야 하지 않을까 하고 생각할지도 모릅니다. 그러나 시험이나 퀴즈뿐만 아니라 어쨌든 기억에서 꺼내는 작업이라면 효과를 기대할 수 있으므로 이 책에서는 액티브 리콜이라는 용어를 중심으로 사용하고자 합니다.

▶▶ 많은 사람이 지닌 공부에 대한 이미지

사람들은 대부분 공부에 대해 다음 그림과 같은 입력 중심의 이미지를 갖고 있지 않을까요?

예를 들어 한 교과서를 100페이지 읽은 A씨와 200페이지 읽은 B씨가 있습니다. "두 사람 중 누가 더 많이 공부했습니까?"라고 물으면 200페이지를 읽은 B씨라고 대답하는 사람이 많지 않을까요?

머릿속에 입력된 양으로 학습 정도를 평가하는 이러한 사고방식은 지극히 일반적입니다. 최대한 많은 글을 읽는다, 최대한 많은 강의를 듣는다, 입력 양이나 입력하기 위한 시간을 최대한 늘리는 것이 좋은 공부법이라고 생각하는 사람이 많을지도 모릅니다.

그러나 이처럼 입력만 하는 공부 방법이라는 것은 과학적으로 효율이 낮다는 것이 밝혀졌습니다.

많은 사람이 지닌 공부에 대한 이미지

어쨌든 많이 입력한다

▶▶ 실제로 효과적인 공부에 대한 이미지

그럼, 과학적으로 효과가 크다고 하는 공부란 어떤 것일까요? 실제로 효과적인 공부에 대한 이미지가 아래 그림입니다.

공부한 내용을 생각해내는, 기억에서 꺼내는 작업(예를 들어 기억한 것을 백지에 적거나 연습 문제를 풀거나 시험을 치르는 것)에 관해 이미 기억한 것을 단순히 확인하는 작업이거나 학습 효과를 판정하기 위한 작업이라고 잘못 알고 있는 사람이 있습니다.

하지만 학습에 관한 수많은 연구에서 생각해내는 작업, 출력하는 것이야말로 기억을 장기적으로 정착시키는 효과적인 공부법이라는 것이 밝혀졌습니다.

효과적인 공부에 대한 이미지

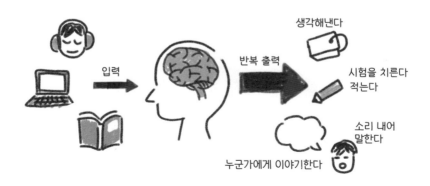

액티브 리콜의 효과를 나타내는 연구 보고는 많지만, 여기에서는 몇 가지 대표적인 것을 소개합니다.

그중 하나는 심리학 연구자인 로디거와 카픽이 2006년에 발표한 연구 보고입니다.[20] 이 연구에서는 120명의 대학생에게 TOEFL 교과서에 실린 두 글을 읽게 했습니다. 하나는 태양에 대해, 다른 하나는 해달에 관한 글입니다.

실험에서는 각 글에 관해 7분간의 학습 세션을 2회 시행했습니다. 하나의 글에 관해서는 합계 14분 동안 몇 번씩 반복해서 읽는 통상적인 공부를 하게 했습니다. 다른 하나의 글에 관해서는 처음 7분간은 읽는 학습을 하고, 다음

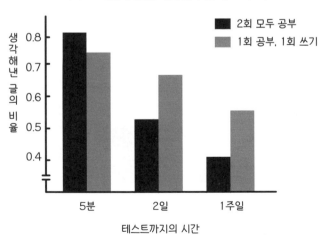

액티브 리콜과 통상적인 공부법의 효과 비교

7분은 그 글을 생각해낼 수 있는 만큼 적는 액티브 리콜을 했습니다. 이 경우 글을 읽은 것은 처음 7분간뿐입니다.

학습 세션이 끝난 후 학생들은 세 그룹으로 나뉘어 각각 학습으로부터 5분 후, 2일 후, 1주일 후에 내용을 적을 수 있는 만큼 적는 테스트를 받았습니다.

결과는 1회 공부하고 나서 액티브 리콜을 한 학생들 쪽이 통상적인 공부를 2회의 학습 세션 동안 한 학생들보다 직후의 테스트에서는 약간 점수가 낮았지만 2일 후, 1주일 후의 테스트에서는 확연하게 점수가 높았다는 것이었습니다. 글을 읽은 시간은 절반이었는데도 2일 후, 1주일 후에는 큰 차이가 있는 것이 밝혀졌습니다.

연구

또 하나, 액티브 리콜(상기 연습)의 효과에 관한 유명한 연구로 과학 잡지 《사이언스》에 게재된 카픽 등이 시행한 것이 있습니다.[21]

이 연구에서는 80명의 대학생을 네 개의 그룹으로 나누고 각각 다른 방법으로 동물과 관련된 과학적인 글을 공부하게 했습니다.

- A그룹: 1세션(5분간)만 평소와 같이 공부한다
- B그룹: 4세션(합계 20분) 동안 반복해서 읽으며 공부한다

- C그룹: 첫 학습 세션에서 글을 읽게 하고, 개념 맵(관련된 개념을 도식화하는 학습법)에 관한 설명을 듣고 나서 25분 동안 글을 보면서 스스로 개념 맵을 작성한다
- D그룹: 첫 학습 세션에 글을 읽고, 다음 10분 동안 글을 보지 않고 생각나는 만큼 내용을 생각해내서 컴퓨터에 입력한다(액티브 리콜). 그 후 다시 글을 5분 동안 읽고 10분 동안 내용을 생각해내서 컴퓨터에 입력하게 한다

1주일 후 글의 내용에 대해 그대로 묻는 문제와 추론을 해야 하는 문제 두 종류를 풀게 했습니다. 결과는 아래 그래프와 같습니다.

실험 결과가 나타내는 것은 1세션만 공부한 A그룹보다 반복 공부한 B그룹과 개념 맵을 이용해 공부한 C그룹 쪽이 정답률이 높고, 게다가 액티브 리콜

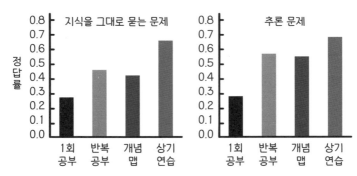

공부법에 따른 테스트의 정답률

(상기 연습)을 한 D그룹의 정답률이 가장 높다는 것이었습니다.

상기 연습의 효과를 다시 한번 확인하기 위해 카픽 등은 120명의 학생에게 학습하는 글의 형식을 바꾸고, 다시 마지막 시험의 형식(단답형 문제와 개념 맵 작성)도 바꿔보았습니다. 결과는 첫 조사와 마찬가지로 액티브 리콜을 사용하여 학습한 학생들 쪽이 점수가 높았습니다.

또 흥미롭게도 개념 맵을 작성해야 하는 시험 문제에서도 개념 맵을 작성해서 공부한 그룹보다 액티브 리콜을 해서 공부한 그룹 쪽의 점수가 높았습니다.

액티브 리콜을 '단순한 암기'가 아닐까 하고 생각하는 사람도 있을지 모르지만, 액티브 리콜에는 교재의 내용에 관해 직접 묻는 문제뿐만 아니라, 추론 등 좀 더 깊은 이해가 필요한 응용문제에 대해서도 효과가 있습니다.[5]

▶▶ 공부하는 당사자는 공부의 진짜 효과를 실감하기 어렵다

이번 조사에서는 공부한 직후와 1주일 후에 자신이 얼마나 내용을 기억하고 있을 것이라고 생각하는지를 학생들에게 예상해보게 했습니다. 내용을 가장 많이 기억하고 있을 것이라고 예상한 것은 4세션을 평소와 같이 공부한 그룹이고, 액티브 리콜을 한 그룹은 자신들은 별로 기억하고 있지 않을 것이라고 예상했습니다.

즉, 액티브 리콜을 한 그룹은 공부한 직후엔 다른 공부 방법으로 공부한 사람들에 비해 가장 자신이 없었던 것입니다. 그러나 실제로는 가장 효과가 없을 것 같다고 평가받은 액티브 리콜이 가장 효과가 컸습니다.

이 '공부의 진짜 효과는 공부하는 당사자는 실감하기 어려운 점이 있다.'는 것은 중요한 포인트입니다.

반복해서 교재를 읽는 쪽이 어쩐지 효과가 클 것 같다고 느끼기 때문에 같은 공부법을 계속 고수하는 것은 시간을 허비하는 행위이니 주의해야 합니다.

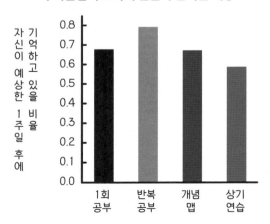

각 학습법의 효과에 관한 주관적인 예상

자신이 예상한 1주일 후에 기억하고 있을 비율

액티브 리콜(상기 연습이나 연습 테스트)의 유효성을 나타내는 연구 보고가 실은 100년 이상 전부터 존재했고,[22, 23] 그 유용성은 다양한 연령대와 교재, 시험 형식에서 확인되었습니다.

실제 중학교 교육현장에서 유효성이 입증된 것으로 로디거 등이 시행한 연구가 있습니다.[24, 25] 이들 연구에서는 중학교 과학과 사회 수업시간 때 성적과 관계가 없거나 거의 관계가 없는 퀴즈(다지선택형으로 클리커(Clicker)라 불리는 청중 응답·반응 시스템(Audience response system)을 사용해 시행)를 냈는데, 퀴즈에 나온 범위의 학기말 시험 성적이 향상된 것이 확인되었습니다.

또 액티브 리콜을, 시간을 두고 반복하면 학습 효과가 크다는 것이 밝혀졌습니다. 이것에 관해서는 앞으로 설명할 '분산 학습'에서 자세히 설명하겠습니다. 액티브 리콜은 정보를 적극적으로 생각해내는 것으로 '이 정보는 중요하다!'라고 자신의 뇌에 들려주어 장기 기억으로 보관하게 하는, 그런 이미지를 저는 갖고 있습니다.

2013년 던로스키 교수팀에 의한 보고서에서도 연습 테스트(Practice test, 액티브 리콜과 같은 개념입니다)에 관해서는 다음과 같이 결론지었습니다.

"이상과 같은 과학적 근거에 따라 연습 테스트의 유용성은 높다고

평가한다. 시험 효과는 실로 다양한 범위에 이르는 연습 테스트의 형식, 교재의 종류, 학습자의 연령, 효과의 측정 방법, 기억 정착의 기간 등에서 나타나고 있다. 따라서 연습 테스트는 폭넓은 응용이 가능하다. 다른 학습법과 비교하여 딱히 시간이 걸리는 것도 아니고, 최소한의 훈련으로 시행할 수 있다."[5]

▶▶ 특히 효과가 큰 액티브 리콜의 실천 방법은?

지금까지 액티브 리콜의 유용성에 관해 설명했습니다.

액티브 리콜 중에서도 특히 효과적인 액티브 리콜의 방법이 있느냐에 관해서는 직접 비교한 연구가 적고, 명확한 결론 또한 나오지 않았습니다. 그러나 생각해내기 위한 실마리가 적은 상태에서 액티브 리콜을 하는 쪽이 학습 효과가 큰 것을 시사하는 연구가 다수 있습니다.

연구

예를 들어 1989년에 발표된 글로버 등에 의한 연구에서는 읽은 정보를 아무 힌트가 없는 상태에서 생각해낸 학생들 쪽이 문장의 일부가 공란으로 되어 있다는 힌트가 있는 상태에서 생각해낸 학생들보다 기억의 정착이 좋았다고 보고하고 있습니다.[26] 또 복수의 선택지에서 정답을 선택하는 다지선택형 문제보다 답을 자신이 써내는 단답형 문제를 푼 쪽이 기억에 정착되기 쉽다

는 연구 보고도 있습니다.[27]

　그 외에도 영어의 명사 리스트를 기억하는 연구에서는 영어 단어의 첫 알파벳을 알려주고 생각해내게 한 그룹보다 백지를 건네받고 최대한 기억하고 있는 단어를 써내게 한 그룹 쪽이 마지막 테스트에서 더 많은 단어를 기억하고 있었습니다.[28]

　즉, 힌트가 주어진 공란 문제나 복수의 답 중에 정답이 포함된 다지선택형 문제를 푸는 것보다도 가능한 한 실마리 없이 기억에서 꺼내려고 하는 작업 쪽이 기억의 정착에 좋을 가능성이 있는 것입니다.

　액티브 리콜에는 여러 가지 방법이 있습니다.
　예를 들어 연습 문제나 기출문제를 푼다, 모의시험을 치른다, 암기 카드나 플래시 카드(잠깐 보여주어 글자를 읽게 하는 외국어 따위의 교재용 카드)를 사용한다, 종이에 적는다, 배운 것을 누군가에게 가르쳐주는 것 등입니다. 문제를 보고 그저 답을 생각해내는 것만으로도 효과가 있다고 확인되었습니다.[29] 중요한 것은 외운 것을 열심히 기억에서 꺼내는 작업입니다.
　틈나는 대로, 예를 들면 만원 전철에서 책을 펼 수 없을 때 수업 시간에 배운 것이나 책에서 읽은 것, 공부한 것을 최대한 생각해내려고 애

쓰는 것도 훌륭한 공부라고 생각합니다.

학생이나 자격시험 공부를 하는 사람이라면 대부분 문제집이나 기출문제를 풀거나 암기 카드를 사용할 것입니다. 그러나 어떤 교재를 읽을 때 그 범위의 연습 문제가 항상 있는 것도 아니고, 문제집에 따라서는 시험 범위를 총망라하여 커버하지 못해서 문제집에서 다루지 않은 부분이 함정이 될 가능성도 있습니다. 그렇기에 교재를 읽을 때부터 액티브 리콜을 의식할 필요가 있습니다.

기억에서 꺼내는 작업을 좀 더 중시하고, 입력 중심의 공부에서 출력을 좀 더 중시한 공부로 바꿔보는 것이 중요하다고 생각합니다.

▶▶ 필자가 의학 지식을 외울 때 사용한 '백지 공부법'이란?

여기서 제가 의학의 방대한 지식을 외워야 할 때 사용해온, 그리고 지금도 사용하는 **'누군가를 가르치듯이 중얼거리면서 쓰는 백지 공부법'**을 소개합니다.

길고 거창해 보이는 이름을 붙였지만, 매우 심플한 공부법입니다. 준비물은 다음 세 가지뿐입니다.

(준비물)
• 자신이 공부하고 싶은 정보: 영어 단어장, 학교 교과서, 자격시험

참고서, 흥미가 있는 분야의 책, 신문 잡지 등

- 백지: 쓰지 않은 노트, 이면지 등(저는 이면지를 자주 사용하지만 아무 것이나 상관없습니다)
- 필기구: 자신이 좋아하는 필기감이 좋은 펜이나 연필(참고로 저는 ZEBRA사의 SARASA Clip 0.5를 자주 사용합니다)

방법도 매우 심플합니다.

①영어 단어의 리스트, 교과서의 장이나 단락, 신문이나 책 등 외우고 싶은 정보를 우선 읽습니다. 그 후 그 정보를 보지 않고 외우고 싶은 내용을 하얀 종이에 적을 수 있는 만큼 적습니다.

그때의 포인트는 원래 정보를 보지 않고, 즉 기억의 실마리가 없는

필자가 사용하는 '백지 공부법'

상태에서 열심히 기억에서 내용을 꺼내는 것입니다. 액티브 리콜의 극적인 효과를 나타낸 카픽 등의 연구에서도 학습자가 한 것은 배운 내용을 그저 종이에 적을 수 있는 만큼 적는다, 컴퓨터에 입력할 수 있는 만큼 입력한다는 매우 심플한 것이었습니다.

기록을 남기기 위해 노트에 적는 것이 아니라 그저 출력하기 위해서일 뿐이므로 글씨를 예쁘게 쓸 필요도 없습니다. 저는 원래 글씨를 못 쓰기 때문에 이 출력을 위한 쓰기는 나 스스로도 읽을 수 없을 정도로 마구 휘갈겨 쓴 적도 있습니다.

외우기 힘든 내용이나 내용이 어려운 경우, 소리 내어 말하면서 쓰

백지 공부법의 방법

순서① 외우고 싶은 것을 원래 정보를 보지 않고 쓴다
- 포인트1 기록으로 남기기 위한 것이 아니므로 글씨를 못 써도 된다
- 포인트2 외우기 어려운 것은 목소리를 내서 말하면서 쓴다(제조 효과)
- 포인트3 누군가에게 가르치듯이 중얼거리면서 출력한다(제자 효과)

순서② 모르는 것, 잊어버린 것에 관해
교과서를 다시 보며 정보를 확인한다

순서③ ①과 ②를 반복한다

순서④ 시간을 두고 다시 ①~③을 반복한다

려고 합니다. 이것은 어느 정보를 단순히 묵독하는 것보다도 글씨로 쓰거나 중얼거리거나 목소리를 내서 말하는 것이 기억에 남는다는 **제조 효과**(Production effect)라는 것입니다.[30, 31]

과거의 연구에서는 주로 정보의 입력 단계에서 효과를 조사했지만, 저는 처음 외우려고 하는 단계(처음 정보를 읽는 단계), 그리고 생각해내려고 하는 단계 양쪽에서 사용할 때가 있습니다.

게다가 누군가에게 가르치듯이 중얼거리면서 출력하면 효과가 좀 더 크다고 생각합니다. 'Learning by teaching(가르치면서 배운다)', 'Teaching is learning(가르치는 것은 배우는 것이다)'이라는 말로 잘 알려져 있듯이 누군가를 가르치는 것은 실제로 정보의 정리나 기억의 정착을 촉진하는 효과가 확인되었습니다.[32, 33]

누군가를 가르친다, 또는 가르치려고 함으로써 그 학습 내용의 이해도가 깊어지는 것을 **제자 효과**(Protege effect)라 합니다. 흥미롭게도 실제로 누군가를 가르치지 않아도 나중에 누군가를 가르치는 것을 전제로 공부하면 학습 효과가 크다는 연구 보고가 있습니다.[34] 종종 성적이 좋은 학생이 다른 학생을 가르치는 광경을 본 적이 있을지도 모르는데, 실은 좀 더 효과가 큰 학습을 하고 있는 것은 '가르치는 쪽'입니다.

저는 옛날부터 이런 과학적 근거를 알고 있었던 것은 아닙니다. 이 **'누군가를 가르치듯이 중얼거리면서 적는 백지 공부법'**이라는 제가 해온 수수한 공부법이 학습에 있어서 중요한 시험 효과에 제조 효과와 제자 효과를 합쳐서 이용한 공부법인 것을 나중에야 알았습니다.

그렇게 일단 종이에 다 출력했다면 다음으로 ②모르는 것, 잊어버린 것에 관해 교과서를 다시 보고 정보를 확인합니다. 액티브 리콜은 그것만으로도 효과가 있지만, 내용을 다시 본다는 피드백이 있으면 그 효과가 더욱 커집니다.[5] 한 번 읽은 것만으로는 외우고 싶은 것을 전부 출력할 수 있는 경우는 드물기 때문에 가능하면 만족하는 정보량을 출력할 수 있게 될 때까지 출력하고 나면 지식을 확인(피드백)하는 것을 반복합니다.

실제로 알고 있는 것 이상으로 알고 있다고 착각하는 경향이 있는 자신의 뇌에 속지 않는, 즉 '유창성의 착각'에 빠지지 않기 위해서는 이러한 작업의 반복(③)에 의해 항상 자신의 뇌를 시험하는 것이 중요합니다.

그리고 앞으로 소개할 효과적인 학습 방법인 '분산 학습'과 조합시키기 위해 ④시간을 두고 다시 생각할 수 있는 만큼 생각해내서 적습니다. 이때의 간격에 대해서는 입력한 정보의 난이도, 자신이 얼마나 기억하고 있는지에 따라 달라집니다.

개인적으로는 조금 어렵고 새로운 것을 외울 때는 그날 중에 1회, 다음 날에 1회, 다시 간격을 두고 반복하면 효과적이라고 생각하지만,

이 간격에 대해서는 다음 장에서 설명하려고 합니다.

▶▶ '왠지 하기 싫어'에 굴복하지 말고 분발한다

하얀 종이에 개발새발 글씨를 휘갈겨 쓰면서 아무도 없는데 누군가를 가르치듯이 소리 내어 말하고 있는 저를 모르는 사람이 보면 이상한 사람이라고 생각할지도 모릅니다.

그래도 괜찮습니다. 이것이 뇌 신경회로의 결속을 필사적으로 강화하려는 인간의 모습이니까요.

자신이 기억하고 있는지를 시험하는 액티브 리콜은 뇌에 부하가 걸린다고 느끼거나, 자신이 얼마나 기억하지 못하는지를 깨닫고 슬퍼질지도 모릅니다. '지금 막 읽었는데 왜 나는 이렇게 기억하지 못하는 거야!'라고 생각할 때가 종종 있습니다. '왠지 하기 싫다.'라고 느끼고, 별로 마음이 내키지 않을지도 모릅니다. 게다가, 연구 참가자가 실제로 그랬듯이, 하고 난 직후엔 효과를 느끼기 어려울지도 모릅니다.

그래도 분발해서 생각해내는 작업, 출력하는 작업을 게을리하지 말기를 바랍니다. 액티브 리콜은 효과적인 학습에 필요한 '바람직한 어려움'을 당신에게 가져다줍니다.

생각해내려고 하는 것이야말로 기억의 정착에는 중요한 것입니다. 앞으로의 공부에서는 무슨 일이 있어도 늘 출력을 의식하고 있기를 바랍니다.

이 책을 읽고 있는 분 중 평소 액티브 리콜을 별로 하고 있지 않은 사람이 있다면 그 효과를 실감하기 위해 시험 삼아 지금 여기까지 읽은 이 책의 내용에 대해 아무것도 보지 않고 기억하고 있는 내용을 하얀 종이에 중얼거리며 가르치는 척하면서 생각나는 만큼 최대한 적어 보세요. 며칠 후 반복해서 읽었을 때보다도 더 많은 내용을 기억하고 있다고 실감할 수 있지 않을까 싶습니다.

저자가 백지에
휘갈겨 쓴 것(실물)

✔ 액티브 리콜이란 무엇입니까?

✔ 액티브 리콜·상기 연습의 방법으로 어떤 것이 있습니까?

✔ 제조 효과란 무엇입니까?

✔ 제자 효과란 무엇입니까?

✔ 자신의 평소 공부·정보수집에 어떻게 하면 액티브 리콜을 도입할
  수 있을지 생각해보세요(예: 신문을 읽은 후 생각나는 만큼 하얀 종이
  에 써보는 등).

✔ 지금까지 읽은 이 책의 내용을 생각해낼 수 있는 만큼 하얀 종이에
  써보세요.

분산 학습

시험 전날, 부랴부랴 몇 시간 동안 초집중해서 필사적으로 공부했는
데 시험이 끝나고 며칠이 지나면 스스로도 놀랄 정도로 공부한 내용을
까맣게 잊어버린다. 이런 경험은 누구에게나 있지 않을까요? 물론 저
에게도 있습니다. 그럴 때면 '난 왜 이렇게 머리가 나쁠까?' '기억력이
최악이야.'라고 자신을 탓하고 싶은 마음이 들지도 모릅니다.

안심해도 됩니다. 그것이 일반적이니까요.

애초에 인간의 뇌라는 것은 기억한 것을 점점 잊어버리게 되어 있습
니다. 뇌의 해마라 불리는 장소는 단기 기억 중 어느 것을 장기 기억으
로 보관할지 구분하는 기능을 합니다. 그리고 우리의 뇌로 입력되는
정보의 대부분이 살아가기 위해서는 직접 필요하지 않은 정보이기 때
문에 잊어버리게 되어 있습니다.

뇌과학적으로 봐도 무언가를 기억하는 것뿐만 아니라 망각하는 것도 능동적인 과정이라는 것이 밝혀졌습니다.[35, 36]

매우 드물게 과거 자신의 체험을 거의 모두 기억한다는 경이적인 기억력의 소유자가 있습니다. 2006년 발표한 논문의 보고에 따르면 미국의 AJ라는 여성은 과거의 경험에 관한 기억(에피소드 기억)을 잊지 못하고 과거의 어느 날짜에 무엇을 했는지 물으면 즉각 대답할 수 있었습니다.[37] 그러나 '잊을 수 없다'는 것은 몹시 괴로운 일이라며 아래와 같이 말했습니다.

"언제나 과거의 일들을 생각해요. 끝나지 않는 영화를 계속 보고 있는 것 같습니다."
"나는 이것(이상한 기억력)을 갖고 싶다고 생각하지 않아요. 무거운 짐이에요."

이런 말을 들으면 잊는다는 것이 좋은 것일 수도 있겠구나, 하고 느낍니다.

그런데 앞 장에서 설명한 액티브 리콜은 이른바 그 기억을 실제로 생각해내는(사용하는) 것에 의해 '이 정보는 필요하다!'라고 뇌에 전달해서 확실하게 기억하게 하는 방법입니다.

이어서 또 하나 액티브 리콜과 함께 뇌가 기억하게 하는 데 중요한 것에 관해 설명하면, 그것은 한 번에 몰아서 공부하는 것보다 시간 간격을 두고 '반복해서 학습한다'는 것입니다. 반복해서 그 정보를 입력하고 출력하는 것으로 '이것은 필요한 정보다!'라고 뇌에 전달하는 이미지입니다.

"공부에는 복습이 중요하다. 그런 말은 귀에 딱지가 앉을 정도로 들었어요."

이런 말이 들려오는데, 그렇다면 반복해서 공부하는 것이 얼마나 중요한지, 효과는 어느 정도인지, 복습하는 타이밍은 언제가 좋은지, 반복해서 공부하는 것의 효과에 대해 과학적으로 어떤 것이 밝혀졌는지를 알고 계십니까?

만약 애매한 분은 새로 배울 만한 지식도 있다고 생각하니 이 책을 좀 더 읽어보길 바랍니다. 반복해서 공부하는 것의 효과에 관해 '막연히 아는 상태'와 여러 가지 정보를 종합하여 '이해된 상태'는 공부를 대하는 방법에 차이가 있다고 생각합니다.

▶▶ 분산 학습이란

밤샘 공부와 같이 정해진 학습 범위를 시간 간격을 두지 않고 한 번에 계속해서 공부하는 것은 '집중 학습(Massed learning/practice)'이라 불립니다. 한편, 정해진 범위를 시간 간격을 두고 나눠서 공부하는 것은 '**분산 학습**(Distributed learning/practice)'이나 '**간격 반복**(Spaced repetition)'이라 불립니다.[38]

그리고 한 번에 몰아서 공부하는 것보다도 시간을 분산해서 공부하는 것이 장기적인 기억의 정착에 좋은데, 그 효과는 **분산 효과**(Spacing effect)라 불립니다.

이것은 같은 내용을 같은 시간 동안 공부한다 해도 분산한 쪽이 학습 효과가 크다는 것을 의미합니다. 즉, 2시간 계속해서 어느 범위의 영어 단어를 공부하는 것보다도 오늘은 1시간, 다른 날에 1시간으로 분산한 쪽이 시간이 흘러서 테스트했을 때 기억하고 있는 단어의 수가 많다는 것입니다.

독일의 심리학자 에빙하우스는 분산해서 공부하는 것이 몰아서 한 번에 공부하는 것보다도 효과가 크다는 것을 실험으로 입증했습니다.

에빙하우스는 '망각 곡선'의 제창자로 유명합니다. 그는 의미가 없는 음절을 많이 만들어서 스스로 그것들을 외우고, 얼마나 잊어가는지, 그리고 반복해서 복습하면 얼마나 기억할 수 있는지를 조사했습니다.

기억의 연구 분야에 중요한 공헌을 한 인물이므로 기억과 관련된 서적에는 빈번하게 등장합니다.

에빙하우스는 1885년에 쓴 《기억에 관하여 – 실험 심리학에 끼친 공헌》이라는 책 속에서 아래와 같이 말했습니다.[39]

"많은 반복을 할 때는 그것들을 한 번에 몰아서 하는 것보다도 시간을 분산시켜서 하는 쪽이 확실히 유리하다."

분산 학습의 효과를 검증한 연구는 100년 이상 전부터 해왔고, 논문도 수백 편 이상 있습니다. 그러한 연구에 의해 분산 효과는 어른부터 아이까지 수학, 외국어, 역사, 생물학 등을 포함한 폭넓은 분야의 공부에서 확인되어왔습니다.

연구

예를 들어 1979년에 바릭이 시행한 연구가 유명합니다.[40] 이 연구에서는 스페인어를 공부한 적이 없는 미국의 대학생을 세 그룹으로 나눠 50개의 스페인어 단어를 외우게 했습니다.

- A그룹: 하루에 몰아서 학습
- B그룹: 하루 간격으로 복습
- C그룹: 30일 간격으로 복습

최초의 세션에서 스페인어 단어의 의미를 최대한 외우게 하고, 5회의 복습을 한 30일 후에 단어를 얼마나 기억하고 있는지를 테스트했더니 30일 후의 시험 정답률은 각각 68%(A그룹), 86%(B그룹), 95%(C그룹)로, 간격을 두고 공부한 학생 쪽이 훨씬 좋다는 결과가 나왔습니다.

그 외에도 5학년 아이들을 대상으로 한 어느 연구에서는 아이들에게 GRE라는 미국이나 캐나다 대학원에 진학하기 위해 필요한 공통 시험에 나오는 영어 단어(Accolade, Coerce, Edict, Gregarious, Latent, Salient, Tacit, Vex)를 외우게 했습니다.[41] 같은 단어를 한 번에 몰아서 공부한 경우와 1주일의 간격을 두고 2회로 나눠 공부한 경우는 합계 공부 시간에 차이가 없었음에도 5주일 후의 테스트에서는 간격을 두고 공부한 아이들 쪽이 약 1.8배, 영어 단어의

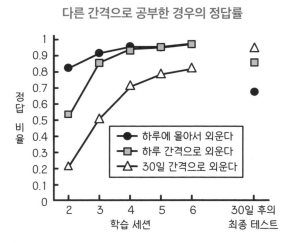

다른 간격으로 공부한 경우의 정답률

의미를 정확하게 대답할 수 있었다는 결과가 나왔습니다.

이 외에도 분산 학습에 관해서는 많은 논문이 있고, 수많은 연구 결과를 종합해서 분석한 메타 애널리시스도 다수 있습니다. 2006년의 분산 학습 효과에 관한 184편의 논문을 분석한 논문에서도 분산 학습의 효과가 증명되었습니다.[42]

또한 바릭의 연구 결과가 시사하고 있는 대로 학습 간격을 길게 둔 쪽이 좀 더 오래 기억에 정착하는 것도 증명되었습니다. 이 학습 간의 시간(지연)이 길수록 학습 내용이 장기적으로 기억에 정착하기 쉽다는 효과는 지연 효과(Lag effect)라고도 불립니다.

즉, 이것은 반년 후의 시험에 맞춰 공부하는 경우와 1주일 후의 시험에 맞춰 공부하는 경우는 최적의 복습 타이밍이 다르다는 것을 의미합니다.

연구

복습 타이밍에 관해 조사한 유명한 연구로 2008년의 세페다 등에 의해 시행된 것이 있습니다.[43] 이 연구에서는 1,354명의 참가자에게 32개의 별로 알려지지 않은 트리비아(예, '유럽 국가 중 매운 멕시코 요리를 가장 많이 먹는 나라는 어디인가?' 답은 '노르웨이')를 기억하게 하고 그 후 복습 타이밍을 바꿔서 얼마나 기억하고 있는지를 테스트했습니다.

복습은 학습한 당일, 다음 날, 2일 후, 7일 후, 21일 후, 105일 후 등 다른 간격을 두고 어느 것이든 1회만 시행했습니다. 그 후 다양한 간격(7일 후, 35일 후, 70일 후, 350일 후)을 두고 시험을 치렀습니다. 복습 간격과 시험까지의 간격의 조합은 20가지 이상에 이릅니다.

이 연구에서 최적의 복습 타이밍은 테스트까지의 시간에 따라 다른 것이 밝혀졌습니다. 예를 들어 시험이 7일 후인 경우는 3일 후에 복습하는 것이 최적이었고, 35일 후의 시험은 8일 후, 70일 후의 시험은 12일 후, 350일 후의 시험은 27일 후로 추정되었습니다. 어떤 내용을 한 번밖에 복습할 수 없는 경우, 복습 타이밍이 너무 빠르거나 너무 늦어도 효과가 작다는 것, 그리고 시험까지의 시간이 길수록 최적의 복습 타이밍도 늦어진다는 것을 나타내는 결과였습니다.

즉, 만약 시험이 몇 개월 후인 경우, 어떤 범위를 복습하는 간격을 조금 길게 설정하면 장기적으로 기억하는 양이 좀 더 많다고 할 수 있다는 것입니다.

위의 연구는 한 번만 복습하는 경우를 조사한 것이지만, 실제 공부할 때는 몇 번에 걸쳐 복습하는 것이 일반적입니다. 그 경우 분산 학습

의 영역에서는 균등한 간격(Fixed interval)으로 하는 것이 좋은지, 처음엔 간격을 짧게 하고 서서히 길게 해가는 방법(Expanding interval)이 좋은지에 대한 논의가 이루어지고 있습니다.

　1970년대에는 간격을 서서히 늘려가는 것이 효과적이라는 보고도 있고, 서서히 늘려가는 복습 스케줄이 좋다고 여겨졌습니다.
　1980년대에 분산 학습을 도입한 학습 소프트웨어 'SuperMemo(슈퍼메모)'를 개발한 표트르 워즈니악이 스스로 시행한 실험 결과를 바탕으로 1985년에 생각한 최적의 복습 타이밍은 **첫 회 1일 후, 2회째 7일 후, 3회째 16일 후, 4회째 35일 후**라는 것이었습니다.[44]
　그러나 최근 들어 실은 같은 간격이 효과가 크다는 보고가 여러 건 나오는 바람에 이 생각이 흔들리기 시작했습니다. 한편, 역시 서서히 늘린 쪽이 좋지 않겠느냐는 보고도 있습니다.[45]

　결론부터 말하면 '같은 간격인지, 서서히 늘려가는지'의 문제는 제가 아는 한 결말이 나지 않습니다. 애초에 학습자가 원래 지닌 지식의 양이나 공부하는 내용의 양과 어려움(잊기 쉬움) 등에 따라 달라지는 것은 아닐까 하고 예상합니다.

　어쨌든 같은 내용을 간격을 두고 공부하는 것의 효과는 크기 때문에 복잡한 복습 계획을 세워서 실행할 수 없는 상황에 빠지지 않기 위해서라도 너무 어렵게 생각할 일은 아니라고 봅니다.

지금 단계에서 저는 새로운 분야의 토대가 될 만한 지식이 별로 없는 영역을 공부할 때는 처음엔 간격을 비교적 짧게 두고 서서히 늘려가는 복습을 하면 좋지 않을까 하고 생각합니다.

분산 학습에 관해 던로스키 교수팀의 보고서에서는 어떻게 결론을 지었는지 알아보겠습니다.

"현시점의 과학적 근거에 따라 분산 학습의 유용성은 크다고 평가한다."[5]

분산 학습은 다양한 연령의 학습자, 다양한 교재, 다양한 시험 형식에서 효과가 확인되고 있고, 장기간에 걸쳐 정보를 기억하는 것에도 도움이 된다고 쓰여 있습니다. 이처럼 분산해서 학습하는 것의 중요성은 많은 과학적 식견에 의해 확립되었습니다.

《논어》중 〈학이제일(學而第一)〉의 첫 번째 공자의 말씀은 "배우고 때때로 이를 익히면 또한 기쁘지 아니한가?"라는 것입니다. 배우고 적당한 시기에 복습한다, 정말이지 마음이 기쁘구나, 라는 의미인데, 마치 분산 학습의 중요성을 강조하는 듯합니다.

그런데 과학적으로도 효과가 확인된 분산 학습이지만, 이것을 실천하는 학생은 적다는 보고가 있습니다.

미국의 생물학을 이수하는 9,000명 이상의 대학생을 대상으로 한 조사에서는 간격을 두고 공부하는 학생은 17% 정도이고, 학생 대부분이 시험 직전에 몰아서 공부했습니다.[46] 그리고 성적이 좋은 학생일수록 분산 학습에 더해 앞 장에서 설명한 액티브 리콜을 사용했다는 결과였습니다.

한편, 분산 학습은 어디까지나 공부의 '스케줄'에 관한 이야기입니다. 그럼, 어떤 '학습 방법'을 반복하면 좋을까요? 그것은 바로 앞 장에서 설명한 액티브 리콜입니다.

▶▶ 최강의 학습법: 액티브 리콜＋분산 학습＝연속적 재학습

액티브 리콜과 간격 반복, 이 두 가지를 조합한 공부법이 현대 학습의 과학적 근거에 따른, 누구나 실천할 수 있고 효과가 큰 방법이라고 생각합니다.

또한, 이 두 가지를 조합한 학습 방법은 때에 따라 **연속적 재학습**(Successive relearning)이나 **분산된 상기 연습**(Spaced/Distributed retrieval practice) 등으로 불리고 있습니다.[47, 48]

여러분도 공부할 때는 연속적 재학습을 반드시 의식하고 있기를 바랍니다.

QUESTION
제조 효과란 무엇입니까?

▶▶ 연속적 재학습의 순서

연속적 재학습은 우선 새로운 범위를 공부할 때는 적어도 1~3회, 내용을 생각해낼 수 있게 될 때까지 액티브 리콜(종이에 쓴다, 생각해낸다 등)을 합니다.

그 후, 특별히 정해진 간격은 없지만 1일~1주일 후에 다시 액티브 리콜을 해봅니다. 그때 잊어버린 내용에 관해서는 다시 한번 지식을 확인(피드백)하고, 적어도 1회 액티브 리콜을 합니다. 이러한 과정을 몇 차례 간격을 두고 다시 반복합니다.

쉽게 연상할 수 있도록 구체적인 예를 들어보겠습니다.

만약 제가 연속적 재학습으로 어려운 영어 단어 20개를 외울 때는 영어 단어를 보고 발음하면서 스펠링을 적고 우리 말의 의미도 소리 내어 말해봅니다(제조 효과). 그 후. 이번엔 아무것도 보지 않고 영어 단어의 스펠링과 의미를 생각나는 만큼 중얼거리면서 하얀 종이에 적습니다(액티브 리콜과 제조 효과).

그때, 특히 외우기 어려운 것은 가르치는 시늉을 하면서 합니다(제자 효과).

그 시점에서 기억나지 않으면 다시 단어 리스트를 보고 영어 단어의 스펠링이나 의미를 확인합니다(피드백).

다시 액티브 리콜을 하고, 기억나지 않는 단어를 다시 확인(피드백)하는 과정을 모든 영어 단어에 대해 적어도 1회는 액티브 리콜을 할 수 있게 될 때까지 반복합니다. 이것으로 1회차 공부는 종료합니다.

그리고 어려운 단어의 경우는 1일 이내에 다시 액티브 리콜을 하고, 잊은 단어가 있으면 다시 피드백합니다.

이 과정을 분산 학습으로 반복합니다.

연속적 재학습의 학습 효과를 조사한 연구는 주로 대학생을 대상으로 시행되었습니다.

연구

예를 들어 심리학을 이수하는 대학생에게 어느 범위는 연속적 재학습을 이용하고, 다른 범위는 평소와 같이 공부하게 하고 나서 시험을 치렀더니, 연속적 재학습을 한 범위는 84%의 정답률이 나오고 평소와 같이 공부한 범위는 72%의 정답률이 나오며 유의미한 차이가 있었습니다.[49]

또 시험 3일 후, 24일 후에 내용을 기억하고 있는지 테스트했더니 평소와 같이 공부한 범위의 정답률은 크게 내려간 것에 비해 연속적 재학습을 한 범위는 좀 더 오래 기억에 정착되어 있다는 결과가 나왔습니다.

액티브 리콜을 간격을 두고 단순히 반복한다.

이처럼 지극히 심플한 공부법을 별로 의식하지 않았던 사람은 오늘부터 이것을 실천하는 것만으로도 공부 효율이 크게 개선될 것입니다.

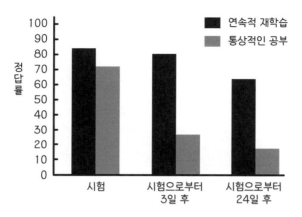

연속적 재학습과 통상적인 공부의 효과 비교

■ 연속적 재학습
■ 통상적인 공부

정답률

시험　　　시험으로부터　　　시험으로부터
　　　　　　3일 후　　　　　　24일 후

　분산 학습은 어쨌든 많은 양을 외워야 하는 분야를 공부할 때는 특히 중요합니다. 저도 의사국가시험을 준비할 때는 간격을 두고 복습하는 것을 항상 의식하고 있었습니다.

　예를 들면 미국의 의사국가시험 중 하나인 USMLE Step1은 생화학, 약리학, 생리학, 해부학, 행동의학, 미생물학, 병리학의 범위에서 출제됩니다. 이들 하나하나의 분야만으로도 공부해야 할 것이 정말 많습니다. 저는 계통적인 지식을 터득하기 위해 일단 전 범위의 교과서를 읽고, 다 읽고 나자마자 앞 장에서 설명한 액티브 리콜(주로 중얼거리면서 종이에 적는다)을 했습니다.

　그리고 특정 분야의 연습 문제를 푸는 것으로 다시 액티브 리콜을 합니다. 하나의 과목이 끝나면 다른 과목을 공부하고, 일곱 개의 분야를 한 차례 돌고 나면 다시 처음 과목으로 돌아가서 온라인 연습 문제로 '액티브 리콜＋피드백'을 하는 것을 몇 차례 반복합니다. 즉, 생화학이라면 생화학의 같은 범위를 간격을 두고 액티브 리콜을 한다는 연속적 재학습을 한 것이 됩니다.

제가 일본의 의사국가시험을 준비하면서 제한된 공부 시간에도 미국의 의사국가시험에 고득점으로 합격할 수 있었던 것은 액티브 리콜과 간격 반복을 조합하여 공부했기 때문이라고 생각합니다.

지금, 어떤 큰 시험을 앞두고 공부하고 있는 사람이 이 책을 읽고 있다면 시험 때까지 몇 번에 걸쳐 간격 반복을 할 수 있도록 공부 스케줄을 짜보면 어떨까요? 그때는 물론 교과서를 '반복해서 읽는' 것이 아니라 기출문제나 모의시험 문제를 풀고 백지에 적는다, 플래시 카드를 활용한다, 누군가를 가르친다와 같은 액티브 리콜을 중심으로 한 복습을 의식해서 해보는 것이 중요하다고 생각합니다.

액티브 리콜과 분산 학습은 입학시험이나 자격증 시험뿐만 아니라 일상의 공부에도 도움이 됩니다.

예를 들어 어떤 책을 읽고 1주일이 지나면 내용을 거의 기억하지 못한다는 사람이 우리 주위엔 많지 않은가요? 특별히 관심이 있는 분야가 아닌 한, 한 번 책을 읽은 것만으로는 기억의 정착이 좋지 않은 것은 당연합니다. 설령 같은 날 두 번 반복해서 읽었다 해도 필시 기억의 정착은 좋지 않을 것입니다.

책을 읽고 내용을 기억해두고 싶은 경우에는 역시 액티브 리콜과 간격 반복을 활용할 필요가 있다고 생각합니다. 구체적으로는 어느 정도의 정보가 정리된 것이나 하나의 장을 읽었다면 무엇이 쓰여 있었는지 생각해낸다, 가능하면 글로 적는다는 작업을 합니다.

책에 쓰여 있는 내용을 플래시 카드로 만들어두는 것도 한 방법인데 저도 한 적이 있습니다. 그리고 다음 날이나 1주일 후에 그 내용을 다시 떠올려봅니다. 기억나지 않는 정보가 있으면 다시 책을 참조합니다.

이러한 반복으로 독서에 의한 지식 습득도 크게 개선될 것입니다.

이 책에서는 액티브 리콜, 분산 학습을 쉽게 할 수 있도록 섹션 마지막에 '복습 노트'를 마련했고, 페이지 하단의 포스트잇에 질문을 넣어두었습니다. 논픽션 서적에는 이러한 지식의 정착을 촉진하는 장치를 좀 더 적극적으로 도입해도 되지 않을까 생각합니다.

✔ 분산 학습이란 무엇입니까?

✔ 분산 효과란 무엇입니까?

✔ 액티브 리콜(상기 연습)의 방법에는 어떤 것이 있습니까?

✔ 분산 학습을 도입한 학습 소프트웨어 'SuperMemo(슈퍼메모)'를 개
  발한 표트르 워즈니악이 제창한 간격 반복의 스케줄이란 어떤 것입
  니까?

✔ 자신의 평소 공부·정보수집에 어떻게 하면 액티브 리콜과 분산 학
  습을 도입할 수 있는지 생각해보세요.

정교화 질문과 자기 설명

지금까지 학습의 왕도라고도 할 수 있는 액티브 리콜과 분산 학습, 그리고 그것을 조합한 연속적 재학습에 관해 설명했습니다. 이미 이것만 알면 충분하다고 할 정도로 강력한 공부법이지만, 다른 공부법에 관해서도 몇 가지 더 소개하고자 합니다.

이번 섹션에서 설명하고자 하는 과학적으로 검증된 효과적인 공부법은 **정교화 질문**(Elaborative interrogation)과 **자기 설명**(Self-explanation)입니다. 이 두 가지는 겹치는 부분이 있으므로 같은 장에서 되도록 이해하기 쉽게 설명하겠습니다.

두 가지 방법을 내 나름대로 간단히 정리하면 '머릿속에서 자신과 자신이 질문이나 대화를 하면서 학습하는 방법'입니다.

▶▶ 정교화 질문이란

정교화 질문이라고 하면 왠지 어렵게 들립니다. '정교화' 자체의 의미는 '치밀하여 빈틈이 없고 자세하며 교묘하게 되다.'입니다. 영어로 하면 'Elaborative interrogation'이라 불립니다. 무언가를 이야기하다가 "Please elaborate(좀 더 자세히 설명해주세요)."라고 코멘트할 때가 있는데 Elaborative interrogation이란 어떤 지식에 대해 본질로 깊이 파고들어 질문해보는 것입니다.

구체적으로는 공부한 내용에 대해 '왜 그렇게 되었을까(Why)?' '어떻게 그렇게 되었을까(How)?'와 같이 자기 자신에게 질문을 던지는 공부법입니다.

연구

정교화 질문의 학습 효과에 관해서는 폭넓은 연령층의 학습자를 대상으로 검증되어왔습니다. 예를 들어 생물학을 이수한 대학생 294명을 대상으로 한 연구에서는 인간의 소화에 대한 글을 읽게 했습니다. 이때 절반의 학생에게 는 "왜 그렇게 되었을까?"라는 질문에 답하면서 읽게 했고, 나머지 절반에게 는 재독만 하게 했습니다.[52]

예를 들어 학생들에게 '인간의 타액에는 아밀라아제라는 탄수화물을 분해하는 효소와 구강 내의 pH를 조정하는 중탄산염, 뮤친, 물이 함유되어 있다.'라는 글을 읽게 했습니다. 정교화 질문을 하는 그룹에는 "타액이 음식물과 섞여서 소화가 시작된다. 왜 그럴까?"와 같은 질문에 답하면서 읽게 했습니다. 내용에 대한 시험을 치렀더니 정교화 질문을 이용한 학생들의 평균 점수는 76점으로 재독만 한 학생들의 평균 점수 69점보다 높다는 결과가 나왔습니다.

공부로 쌓는 지식뿐만 아니라 일상생활에서도 다양한 문제에 대해 "왜?" "어째서?"라고 질문을 던지는 버릇을 들이면 지식의 폭이 넓어진다고 생각합니다.

예를 들면 미쉐린의 마스코트 캐릭터인 미쉐린맨은 하얀 타이어가 겹쳐서 바닐라 소프트아이스크림 같은 모습을 하고 있습니다.

타이어는 검은색인데 "미쉐린맨은 왜 하얄까?"라는 질문을 저 자신에게 던지고 조사해보니, 미쉐린맨이 등장한 1890년대의 타이어에 사용되는 고무가 하얀색이었다는 것과 1912년경에 검은색 카본블랙이 타이어에 혼합된 이후로 타이어의 내구성과 내연성이 향상되었다는 것을 알게 되었습니다.

"미쉐린이라는 타이어 회사가 왜 레스토랑 안내 책자(미슐랭 가이드)를 만들고 있지?"라고 저 자신에게 질문하고 조사해보니, 1900년대 초에는 자동차가 아직 새로운 문물이라 장거리 운전을 하는 사람이 적었는데, 미쉐린은 사람들에게 좀 더 차를 운전하게 하여 타이어의 판매량을 늘리려고 레스토랑 안내 책자를 발간하기 시작했다는 것을 알 수 있었습니다. 그래서 별 1개~별 3개로 평가하며 별 2개는 '멀리 돌아가더라도 방문할 가치가 있는 훌륭한 요리', 별 3개가 '그 요리를 먹기 위해 여행할 가치가 있는 탁월한 요리'라는 표현을 쓰는 것에도 납득이 갔습니다.

※미쉐린 공식 사이트에서 8 Surprising Facts About the Michelin Man
  http://guide.michelin.com/us/en/article/features/8-surprising-facts-
  about-the-michelin-man

▶▶ 일상의 사소한 것에도 아이처럼 '왜?'라고 질문하면서 지낸다

저에게는 두 아이가 있는데 종종 "왜?" "어째서?"라는 질문을 받습니다. 때로는 저조차 생각하지 못한 각도에서 질문이 날아와 그때마다 아이의 관찰력, 감성, 호기심이라는 것이 정말 대단하구나, 라고 감탄하곤 합니다. 아직 세상의 여러 가지 것에 대해 체계적인 지식이 구축되지 않은 아이에게 "왜?" "어째서?"를 반복하는 정교화 질문이라는 것은 효율적으로 지식을 흡수하기 위한 중요한 학습법이라고 느끼게 됩니다.

질문을 받을 뿐만 아니라 저는 "왜 그렇게 되었다고 생각하니?"라고 아이에게 질문할 때도 종종 있습니다.

예를 들면 최근 낙엽을 본 것이 계기가 되어 왜 계절이라는 것이 존재하는지에 대한 이야기에서 그것은 지구가 기울어져 있기 때문이라는 이야기로 꼬리를 물었습니다. 그리고 다시 왜 기울어져 있는지로 이야기가 이어졌고, 그것은 자이언트 임팩트 설이라는 것이 있는데 45억 년쯤 전에 테이아라 불리는 천체가 충돌하여 기울어졌기 때문이라는 이야기를 들려주었습니다. 그러자 이번엔 "그 테이아라는 천체는 어떻게 되었어요?"라고 묻기에 달이나 지구의 일부가 되어 아직도 지구 내부에 흙덩어리로 존재하고 있을 가능성이 있다는 등의 이야기를 나눴습니다.[53]

아이에게 질문을 받고 모르는 것이 있으면 함께 조사하거나 저 혼자 조사해서 아이에게 알아듣도록 설명해줍니다. 여러 가지 질문을 받고 그 질문에 될 수 있으면 이해하기 쉽게 대답해주는 것만으로도 저 또한 새로운 것을 배우거나 이미 배웠지만 잊어먹은 것을 다시 배우는 좋은 기회가 된다고 느낍니다.

"하늘은 왜 파랄까?" "태양엔 산소가 없는데 왜 타고 있는 것처럼 보일까?" "왜 영어의 헤어질 때 인사는 goodbye일까?"와 같이 일상의 사소한 것에도 아이처럼 "왜?"라고 질문하면서 지내면, 지식에도 깊이가 생기고 일상이 즐거워지는 기분이 듭니다.

이 책에서 번번이 인용한 던로스키 교수팀의 보고서에서는 정교화 질문에 대해 아래와 같이 결론을 내렸습니다.

"우리는 정교화 질문을 중등도의 유용성이 있다고 평가한다."

액티브 리콜이나 분산 학습만큼 유용성이 높다고 평가받지 못한 이유로 배우려고 하는 분야의 지식이 거의 없는 학습자는 기초지식이 있는 경우에 비해 효과가 작을 가능성이 있고, 장기적인 효과에 대해서 별로 검증되지 않은 것 등을 들고 있습니다.[5]

▶▶ 자기 설명이란

정교화 질문과 함께 효과가 크다는 공부법으로 '자기 설명(Self-explanation)'이 있습니다.

자기 설명이란 무언가를 배울 때 학습자가 자기 자신에게 학습 내용이나 학습 과정의 이해에 관해 설명하는 것을 가리킵니다. 그 외에도 수학이나 물리 등의 문제를 풀 때 그 문제의 의도나 문제 해결의 과정을 자신에게 설명하는 것도 자기 설명에 포함됩니다. 정교화 질문보다 '자기 설명'의 범위가 약간 넓으므로 다소 이해하기 어려운 개념일지도 모릅니다.

자기 설명을 촉구하는 질문으로

> **QUESTION**
>
> 정교화 질문이 무엇인지를 초등학생도 이해할 수 있도록 설명해주세요.

는 아래와 같은 것이 있습니다.

- "이 정보를 자신의 언어로 설명해주세요."
- "이 페이지에서 이미 알고 있는 것은 무엇입니까? 새로운 지식은 무엇입니까?"
- "이 새로운 정보는 당신이 이미 알고 있는 것과 어떤 관련이 있습니까?"
- "이 중에서 이해할 수 없었던 점은 어디입니까?"

배운 것을 자신의 언어로 자신에게 설명해본다, 이미 알고 있는 것과 관련짓는다, 자신의 이해가 어느 정도인지를 객관시해본다, 이러한 것이 자기 설명입니다.

'나는 아직 이 부분을 모르는구나.' '여긴 대부분 이해할 수 있었다고 봐.'와 같이 자신의 학습을 객관적으로 평가하는 것도 자기 설명이 됩니다. 그러므로 '자신의 인지에 관한 인지'인 **메타 인지**가 필요한 과정이라고도 할 수 있습니다. 자신의 사고나 학습을 객관적으로 주시하는 메타 인지는 학습에서 매우 중요합니다.

섭취한 탄수화물이 어떻게 대사되는지에 대해 공부할 때를 자기 설명의 예로 들어봅니다.

빵이나 쌀, 면 등의 탄수화물은 소화 과정에서 글루코스로 분해됩니다. 이 글루코스는 다시 분해되어서 최종적으로는 산소가 사용되어 몸 속의 에너지 화폐인 ATP(아데노신 삼인산)가 만들어집니다.

이러한 정보에 대해 배울 때 예를 들어 "과연 이때 산소가 사용된다는 것은, 숨을 쉰다는 것과 먹는다는 것이 몸의 에너지를 만들어낸다는 점에서 각각 연결된 것이구나."라거나 "식물이나 식물 플랑크톤은 태양 에너지를 이용해 이산화탄소와 물을 산소와 탄수화물로 변환한다는 것을 공부한 적이 있지. 즉, 우리가 탄수화물을 섭취하는 것에 의해 만들어지는 에너지라는 건 애초에 태양광 에너지와 관련된 것이었단 말인가. 동물은 식물과 태양에 의해 살아가는 존재인 거야."와 같이 과거에 배운 지식과 연달아 관련지어가며 말하는 것도 자기 설명의 일종입니다.

또 당 대사에는 크게 나눠 '해당계' '구연산 회로' '전자전달계'라는 과정이 있는데, "구연산 회로에 관해서는 대부분 이해되었지만, 전자전달계에 관해서는 아직 애매한 부분이 있구나." 따위로 자신의 이해 정도에 관해 말로 표현하는 것도 자기 설명입니다.

'자기 설명'은 문장을 깊이 이해하는 데 도움이 될 뿐만 아니라 수학, 물리, 퍼즐 문제 등 다양한 분야에서 효과가 입증되고 있습니다.[50, 54, 55]

던로스키 교수팀의 보고서에서는, **자기 설명은 정교화 질문과 함께 '중등도의 유용성'이 있다**고 결론지었습니다.[5]

자기 설명은, 많은 경우 유효하다고 하지만, 자기 설명을 잘하는 사람과 못하는 사람이 있고, 일부에겐 훈련이 필요할 수도 있는 것이나 통상적인 공부와 비교하여 더 많은 시간이 걸리는 것(연구에 따라서는 1.3~2배의 시간) 등이 주의점으로 쓰여 있습니다.

정보수집을 할 때 적극적으로 "왜?" "어째서?"를 자신에게 질문하도록 한다. 새로운 정보를 자신의 언어로 전부터 알던 것과 관련지어 설명해본다. 무엇이 알고 있는 것이고, 무엇이 자신에게 어려운 것인지를 말로 표현해본다. 이러한 정교화와 자기 설명을 의식적으로 도입해보면 공부 효과가 좀 더 커집니다.

정교화 질문과 자기 설명은 정도의 차이야 있지만, 누구나 공부할 때 하고 있는 처리라고 생각합니다.

저도 빈번하게 머릿속에서 이러한 처리를 하고 있습니다. 어떤 새로운 정보를 자신이 이미 알고 있는 정보와 관련지어서 이해함으로써 지식이라는 것이 체계적으로 쌓여가는 것을 느낍니다.

▶▶ 자기 설명은 학습 스케줄을 생각할 때도 도움이 된다

그런데 자신의 이해를 객관적으로 평가한다는, 자기 설명에 관한 하나의 요소는 실제 공부 내용뿐만 아니라 학습 스케줄을 생각할 때도 도움이 됩니다.

예를 들어 제가 시험을 보기 전에 종종 하는 것은 저의 이해도를 수치화해보는 것입니다. 공부하는 범위가 소화기내과, 신경내과, 순환기내과, 혈액내과 등으로 나뉘어 있는 경우 '시험 대책으로 지금 시점에서 소화기내과는 70% 정도 기억하고 있으니 앞으로 1, 2일이면 어느 정도 수준으로는 유지할 수 있을 거야. 혈액내과의 지식량은 지금 시점에서 40% 정도로 낮으니 앞으로 4, 5일은 걸리겠지.' 따위로 계산하면서 시험 대책을 세웁니다.

이처럼 시험 내용의 지식량·이해도에 관한 메타 인지를 학습 스케줄에 반영함으로써 시험 때까지 가능한 한 약점을 없애도록 합니다. 그리고 학습 범위와 그것에 대응하는 자신의 이해도를 파악함으로써 가능한 한 여유를 갖고 학습 스케줄을 짜도록 합니다.

또 연습 문제를 풀 때도 단순히 '맞혔다, 틀렸다'는 것뿐만 아니라 '이 문제는 자신에게 얼마나 어려웠는지, 얼마나 복습할 필요가 있는지'를 생각하면서 푸는 사람이 많다고 생각합니다.

저도 종이 문제집이면 별로 망설이지 않고 맞힌 문제는 체크 마크(✔), 맞혔지만 헷갈렸던 문제는 삼각형(△), 답은 맞혔지만 별로 자신이 없었던, 혹은 틀린 경우는 동그라미(○) 등의 마크를 문제 옆에 표시해둡니다. 복습할 때 시간이 없는 경우엔 체크 마크를 한 문제는 건너뛰고, △와 ○ 표시 문제만 중점적으로 풀 때도 있습니다.

✔️ 정교화 질문이란 어떤 학습법입니까?

✔️ 자기 설명은 어떤 학습법입니까?

✔️ 자기 설명을 촉구하는 질문에는 어떤 것이 있습니까?

✔️ 액티브 리콜이란 무엇입니까? 어떤 방법이 있는지 가르쳐주세요.

✔️ 분산 학습이란 무엇입니까?

✔️ 제조 효과란 무엇입니까?

✔️ 때때로 이 책을 놓고 무엇이 쓰여 있는지 떠올릴 수 있는 만큼 백지
에 적어보세요.

인터리빙

▶▶ 인터리빙이란

과학적으로 검증되어온 효과적인 학습 방법으로서 '**인터리빙** (Interleaving)'을 소개하려고 합니다. Interleave를 우리 말로 번역하면 '서로 겹치다', '(특정한 페이지 등을 페이지 등의) 사이에 끼워넣다'와 같은 의미가 있습니다.

인터리빙을 간단히 설명하면, 비슷하지만 다른 복수의 기술이나 공부의 소재를 교대로 학습하는 학습법을 가리킵니다.

▶▶ 운동 기술과 관련된 인터리빙

이 인터리빙은 지식을 습득하는 공부뿐만 아니라 운동 기술에도 응용할 수 있으므로 지금 어떤 스포츠에 푹 빠져 있는 사람에게도 참고가 되는 학습법입니다. 운동 기술도 뇌가 몸의 움직임을 기억한다는 일종의 기억이고, 여기서는 운동 기술과 관련된 인터리빙의 효과에 관해서도 소개하고자 합니다.

연구

우선은 유명한 1978년 오타와 대학교의 공깃돌 연구에 관해 소개합니다.[56] 이 연구는 12주간의 운동 프로그램에 참가한 평균 8.3세의 아동 36명을 대상으로 시행되었습니다. 얼굴 앞에 스크린을 설치해 시야를 차단하고, 무릎을 꿇은 상태에서 표적을 향해 지름 약 2.5cm의 작은 공깃돌을 던지는 연습을 하게 했습니다. 앞이 보이지 않는 상태에서 던지게 하고, 다 던지고 나면 얼마나 표적에 가깝게 갔는지를 확인하게 했습니다. 표적을 보지 않고 얼마나 정확하게 공깃돌을 던질 수 있는지를 시험하는 조금 특수한 공깃돌 연습입니다.

아이들에게는 1블록당 4회 던지게 하고, 총 6블록을 반복하게 했습니다. 첫 4블록은 연습 블록이고 마지막 2블록은 테스트 블록으로 진행했습니다.

이 연구에서는 아이들을 다음 두 그룹으로 나누었습니다.

- A그룹: 약 90cm 앞의 표적만을 향해 연습하게 한다
- B그룹: 약 60cm 떨어진 표적을 2블록, 약 120cm 떨어진 표적을 2블록 연

습하게 한다.

테스트 블록에서는 두 그룹 모두 약 90㎝ 떨어진 과녁을 조준하게 했습니다. 즉, B그룹은 연습 블록에서 약 90㎝ 떨어진 표적을 향한 연습은 하지 않은 셈이 됩니다.

연습하기 전에는 표적을 향해 던지는 실력이 두 그룹 모두 동등했지만, 10주일 후에 테스트했더니 흥미롭게도 약 90㎝ 떨어진 표적에 던지는 실력이 좋았던 것은 약 60㎝와 약 120㎝의 표적을 향해 던지는 연습을 한 B그룹의 아이들이었습니다.
같은 검증을 좀 더 나이가 많은 아이들(평균 12.5세)에게도 시행했더니 역시두 가지 거리의 표적에서 연습한 아이들 쪽이 공깃돌을 잘 던지게 되었다는 같은 결과가 나왔습니다.

또 이 연구와 동시기(1979년)에 콜로라도 대학교의 연구자들에 의해 〈운동 기술의 습득, 유지, 전이에서의 맥락간섭 효과(Contextual interference effect)〉라는 최근 많이 인용되고 있는 논문이 발표되었습니다.[57] 맥락간섭 효과란 다른 기술이나 과제를 뒤섞어 랜덤으로 연습(랜덤 연습)하는 것이 그것들을 개별적으로 연속해서 연습(블록 연습)하는 것보다도 최종적인 학습 성과가 높아지는 현상을 가리킵니다.

이번 연구에서는 아래 그림과 같은 두 개의 구멍과 하나의 경고 램프, 세 개의 컬러 램프, 여섯 개의 나무판이 있는 장치를 만들어서 스타트 버튼을 눌러 경고 램프에 불이 들어오고 나서 컬러 램프에 불이 들어오면 구멍에 들어 있는 테니스공을 오른손으로 꺼내 여섯 개의 나무판을 지정된 순서대로 쓰러뜨린 뒤 테니스공을 뒤에 있는 다른 구멍에 넣는다는 일련의 작업을 얼마나 빨리 할 수 있는지를 조사했습니다. 이때 불이 들어온 램프의 색(파란색, 빨간색, 하얀색)에 따라 나무판을 쓰러뜨리는 순서가 달라집니다. 예를 들어 파란색 램프에 불이 들어오면 오른쪽 뒤, 왼쪽 가운데, 오른쪽 앞의 순서로 나무판을

실험에서 사용된 장치

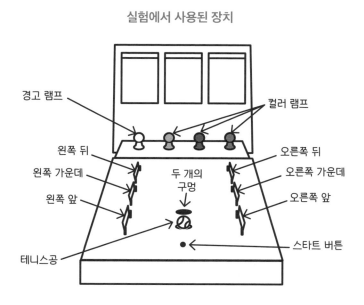

쓰러뜨리고, 빨간색 램프에 불이 들어오면 오른쪽 앞, 왼쪽 가운데, 오른쪽 뒤의 순서로 나무판을 쓰러뜨리는 식입니다.

대상이 된 것은 대학생 72명. 1세트 18회의 연습을 3세트(54회) 하게 하고, 그로부터 10분 후 또는 10일 후에 얼마나 빨리 일련의 작업을 할 수 있는지 테스트했습니다.

이 연구에서는 대학생을 크게 두 그룹으로 나눴습니다.

- A그룹(블록 연습): 같은 색의 램프를 18회 연습한 후 다른 색의 램프로 18회 연습을 이어서 시행한다
- B그룹(랜덤 연습): 불이 들어오는 램프의 색이 매회 다르다

특정한 색의 램프에 대해 연습하는 횟수는 두 그룹 모두 같게 조정했습니다.

연습하는 단계에서는 A그룹의 학생들 쪽이 빨리 동작을 완료할 수 있었지만, 랜덤으로 램프에 불이 들어오는 테스트를 10분 후 또는 10일 후에 시행했더니 랜덤 연습을 한 B그룹 쪽이 압도적으로 빨리 일련의 동작을 끝낼 수 있었다는 결과가 나왔습니다.

인터리빙의 운동 기술에 대한 효과는 앞에서 말한 두 연구뿐만 아니라 그 외에도 복수의 연구에서 실증되고 있습니다.

예를 들면 1986년의 논문에서는 라켓 스포츠의 경험이 없는 여성 30명을 대상으로 배드민턴의 서브 세 종류(쇼트 서브, 롱 서브, 드라이브 서브)를 아래의 그룹으로 나눠 주 3일, 3주일에 걸쳐 연습하게 했습니다.[58] 연습은 12회 서브하는 것을 1세션으로 해서 1일 3세션(1일 36회의 서브, 3주일 324회) 진행했습니다.

- A그룹(블록 연습): 1일 1종류만 서브를 연습
- B그룹(순서에 따라 연습): 1일 3종류의 서브를 순서에 따라 연습(예: 쇼트 → 롱 → 드라이브를 반복한다)
- C그룹(랜덤 연습): 계속해서 같은 서브를 넣어서는 안 된다는 규칙을 정하고 모든 세션에서 랜덤으로 세 가지 서브를 연습

실기 테스트는 마지막 연습 다음 날에 진행되었는데 3종류의 서브 궤도와 셔틀콕의 착지점이 점수화되었습니다. 그리고 연습에서는 코트의 오른쪽에서 서브를 넣었기 때문에 응용 시험으로 코트의 왼쪽에서도 서브를 넣게 하여 서브 실력을 평가했습니다.

결과는 3종류의 서브를 섞어서 연습한 C그룹이 가장 점수가 높았고, 1일 1종류씩 연습한 A그룹이 가장 점수가 낮았습니다.

운동 기술의 향상에는 하나의 과제를 단순히 반복하는 것이 아니라, 유사한 복수의 과제를 섞은 인터리빙을 하는 것이 효과적이라는 것은 다른 스포츠에서도 증명되고 있습니다.[59] 예를 들면 골프의 스트로크나 농구의 패스,[60] 배구의 기술(토스, 패스, 서브),[61] 야구의 배팅[62] 등입니다. 그리고 스포츠뿐만 아니라 음악 분야에서도 예를 들어 클라리넷[63]이나 피아노[64]에서도 효과적이라는 논문이 있습니다.

이야기가 길어졌지만, 운동 기술도 '뇌가 기억하는' 학습 중 하나라 할 수 있고, 그리고 인터리빙의 효과가 흥미롭게도 스포츠를 하는 사람에게도 왠지 참고가 될 것 같아 조금 자세히 설명했습니다.

▶▶ 일반적인 공부법에서의 인터리빙

한편, 특정한 지식을 익히는 일반적인 공부법에서도 인터리빙은 효과가 있는 것이 증명되었습니다.

연구

특히 그 효과가 확인되고 있는 것이 수학 영역입니다. 예를 들면 2007년에 남플로리다 대학교의 덕 로러와 케리 테일러가 시행한 연구가 있습니다.[65] 대학생들에게 아

QUESTION

인터리빙이란 무엇입니까?

래 그림과 같은 입체 그림 4종류의 체적을 구하는 방법에 대한 설명을 읽게 하고, 실제 문제를 풀게 했습니다. 이때 블록 학습을 하는 그룹과 랜덤 학습을 하는 그룹으로 나누었습니다.

블록 학습을 하는 그룹은 입체 그림 하나의 체적을 구하는 방법의 설명을 읽고 나서 그 입체의 체적을 구하는 문제를 4문제 풀게 하고(예를 들어 타원체의 체적을 구하는 방법을 공부하고 나서 타원체에 관한 문제를 4문제 푼다), 그것을 4종류의 입체에 대해 반복하여 합계 16문제를 풀게 했습니다. 랜덤 학습을 하는 그룹에는 입체 그림 네 개의 체적을 구하는 방법을 먼저 공부하게 하고 4종류의 입체가 뒤섞인 16문제를 풀게 했습니다. 이 연습 세션을 1주일 건

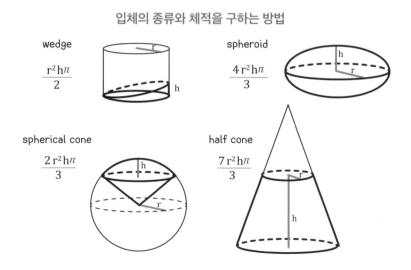

입체의 종류와 체적을 구하는 방법

wedge

$$\frac{r^2 h \pi}{2}$$

spheroid

$$\frac{4\,r^2 h \pi}{3}$$

spherical cone

$$\frac{2\,r^2 h \pi}{3}$$

half cone

$$\frac{7\,r^2 h \pi}{3}$$

너 2회 반복하고, 다시 그로부터 1주일 후에 시험을 보았습니다.

결과는 아래의 그래프와 같습니다.

연습 문제를 푸는 단계에서는 블록 학습을 한 학생 쪽의 정답률이 89%로 랜덤 학습을 한 학생의 60%보다 높다는 결과가 나왔지만, 실제 테스트에서는 랜덤 학습을 한 학생의 정답률이 63%로 블록 학습을 한 학생의 20%를 크게 웃돌았습니다.

이 연구를 한 로러와 테일러는 초등학교 4학년 학생들에게도 같은 연구를 시행했습니다.[66] 다음 페이지의 그림과 같이 각기둥 밑면의 변의 개수(b)가 주어졌을 때 어떻게 각기둥의 면, 변, 꼭짓점, 각의 수를 구하는지를 공부하게 한 후 문제를 풀게 했습니다.

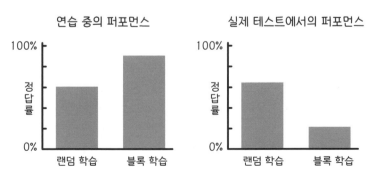

학습법에 따른 연습 중과 테스트에서의 정답률

이 연구에서도 블록 학습을 하는 그룹과 문제를 섞어서 인터리빙을 하여 학습하는 그룹으로 나눠 그 학습 효과의 차이를 조사했습니다.

연습 문제를 푸는 단계에서는 블록 학습을 하는 학생 쪽의 정답률이 99%로 높았고, 인터리빙을 하여 학습하는 학생은 68%로 낮았지만, 1일 후의 테스트에서는 인터리빙을 한 학생의 정답률이 77%로 블록 학습을 한 학생들의 정답률 38%를 크게 웃돌았습니다.

또 이 두 연구자는 실제 학교의 수학 수업에서도 인터리빙의 효과를 확인하기 위해 공립 학교에 다니는 중학생 700명 이상을 대상으로 랜덤화 비교 시험을 시행했습니다.[67] 랜덤화 비교 시험이란 연구 참가자를 무작위로 다른

각기둥의 면, 변, 꼭짓점, 각의 수를 구하는 방법

각기둥의 면의 수=b+2

면

변의 수=b×3

변

꼭짓점의 수=b×2

꼭짓점

각의 수=b×6

각

그룹에 배정하고 특정한 개입(이 경우는 인터리빙)의 효과를 검토하는 방법입니다.

    이 연구에서는 참가한 총 54학급을 랜덤으로 두 그룹으로 나누었습니다. 하나는 인터리빙을 하는 그룹, 다른 하나는 블록 학습을 하는 그룹입니다. 약 4개월 동안 아홉 장의 워크시트를 수업 시간에 풀게 하고, 그로부터 약 1개월 후에 예고 없이 돌발 테스트를 시행했습니다.

    인터리빙 학습을 한 그룹에서는 1차 함수의 그래프 문제, 부등식, 동류항을 정리하는 문제, 그리고 원주율을 사용한 문제가 섞인 워크시트를 정기적으로 풀게 했습니다. 한편, 블록 학습을 한 그룹에서는 한 장의 워크시트에서 1차 함수의 그래프 문제만 풀고, 그로부터 2주일 후의 워크시트에서 동류항을 모은 문제를 푸는 식으로 특정한 주제를 한데 모아서 공부하게 했습니다.

    단, 같은 문제를 풀고 나서 최종 시험까지의 시간을 동일하게 하기 위해 시험 1개월 전의 아홉 장째 워크시트는 두 그룹 모두 같은 4종류의 모든 문제를 푸는 것으로 했습니다.

    돌발 테스트의 결과는 인터리빙을 한 교실의 학생들이 61%의 정답률을 기록하며 블록 학습을 한 교실의 학생들이 기록한 38%의 정답률보다도 압도적으로 높았습니다.

    수업 시간에 푼 워크시트의 구성 차이만으로 23% 가까이 차이가 난

것은 놀라운 일입니다. 이 연구에서는 인터리빙을 한 그룹이 좀 더 빈번하게 간격 반복을 했다고도 할 수 있으므로 이 차이는 간격 반복의 효과도 포함하고 있다는 것으로도 해석할 수 있는 결과입니다. 제가 수학 교사라면 반드시 인터리빙(+간격 반복)은 도입하고 싶은 학습법입니다.

블록 학습에서는 어떤 문제에 대해 어떤 개념이나 공식을 사용해 푸는지 아는 상태에서 공부하지만, 인터리빙에서는 각각의 문제에 대해 어떤 개념이나 해법을 적용해야 하는지 스스로 생각해야 하기 때문에 뇌에 좀 더 부하가 걸리는 공부법입니다. 실제 실험에서는 문제가 섞여서 출제되어 스스로 해법을 찾아야 하기 때문에 인터리빙은 실전에 대비한 공부법이라고도 할 수 있습니다.

인터리빙은 수학뿐만 아니라 다양한 영역의 공부에서 그 효과가 나타나고 있습니다.[5, 68] 예를 들면 심전도,[69] 화학,[70] 새의 분류,[71] 회화(작품을 보고 어떤 화가가 그린 것인지를 맞히는 문제)[72, 73] 등입니다.

▶▶ 인터리빙 역시 공부 효과를 실감하기 어렵다

인터리빙을 해서 공부할 때의 정답률이 블록 학습을 할 때보다 낮기 때문인지, 인터리빙은 효과를 실감하기 어렵다는 특징이 있습니다. 블록 학습과 랜덤 학습 중 어느 것이 더 효과적이라고 생각하는지를 학

생들에게 질문하면 80% 이상이 블록 학습이라고 대답했다는 설문 조사 결과도 있습니다.[72]

액티브 리콜에 관해 상기 연습으로 공부한 그룹이 공부 직후에는 다른 공부 방법으로 공부한 사람들에 비해 효과를 실감할 수 없었던 것을 앞 장에서 설명했습니다.

인터리빙도 액티브 리콜과 마찬가지로 '공부의 진짜 효과는 공부하는 당사자가 실감하기 어려운 경우가 있다.'의 한 예라 할 수 있습니다.

▶▶ 인터리빙의 주의점

인터리빙은 공부의 많은 장면에서 효과가 높은 학습법이라 할 수 있지만, 주의할 점도 있습니다. 그것은 전혀 다른 교과를 섞어서 하면 별로 효과를 기대할 수 없다는 것입니다. 예를 들어 플래시 카드로 공부할 때 인도네시아어와 해부학 용어라는 전혀 다른 내용을 섞어서 해봤지만, 인터리빙으로는 효과가 없었다는 논문이 있습니다.[74]

또 한 연구에서는 초등학교 5학년을 대상으로 블록 학습과 인터리빙 학습으로 분수를 가르쳤더니 애초에 지식수준이 낮은 학생은 블록 학습 쪽이 학습 효과가 높았다는 결과도 보고되었습니다.[75]

전혀 이해하지 못하고 있는 경우엔 처음에 블록 학습을 하고, 어느

정도 이해도가 깊어지고 나서 인터리빙을 도입하는 게 좋을지도 모릅니다.[5]

던로스키 교수팀의 보고서에서는 인터리빙에 관해 아래와 같이 결론을 내렸습니다.

"현시점의 과학적 근거에 따라 인터리빙의 유용성은 중등도라 평가한다."[5]

또한, 보고서에는 액티브 리콜 등의 다른 학습법에 비해 연구 수가 아직 적다는 것과 인터리빙의 유효성을 입증하지 못한 연구 보고도 있고, 어떤 상황(학습자의 능력, 교재의 난이도 등)에서 효과적으로 활용할 수 있는지 아직 밝혀지지 않은 것도 있는 것 등이 쓰여 있습니다.

▶▶ 자격시험의 문제집은 섞어서 공부한다

제가 공부할 때를 돌이켜봐도 인터리빙은 특히 큰 시험을 앞두고 도입한 학습법이라 할 수 있습니다. 예를 들어 미국의 내과 전문의 시험을 예로 생각해보죠. 미국에서는 내과 전문의 시험에 합격한 후에도 기본적으로는 10년마다 다시 공부해서 전문의 시험에 합격할 필요가 있습니다. 의학적인 지식은 늘 업데이트되고 있기 때문에 정기적으로 모든 내과 영역을 계통적으로 다시 공부할 필요가 있다는 것은 좋은 시스템이라고 개인적으로는 생각합니다.

내과라 해도 그 범위는 정말 넓어서 호흡기내과, 집중치료내과, 순환기내과, 신경내과, 신장내과, 내분비내과, 혈액내과, 종양내과, 류마티스내과, 알레르기내과, 감염증내과 등 많은 영역의 지식이 요구됩니다. 미국의 내과 전문의 시험에 대비해 일반적으로 사용되는 교과서는 총 2,300페이지 정도 되고, 이것에 더해 수천 개의 온라인 문제를 풀 때가 있습니다.

그리고 예를 들어 신장내과만 봐도 신장 기능의 평가 방법, 수액·전

전문의 시험 공부 때
사용한 교과서

해질 이상, 산염기평형 이상, 고혈압, 만성 요세관 간질성 신장염, 사구체 질환, 유전에 의한 신장 질환, 급성 신장 장애, 요로결석, 임신 중의 신장 기능, 만성 신장병 등 다양한 분야로 나뉩니다.

자격시험을 공부할 때 교과서를 읽고 나서 문제집을 푸는데, 문제집은 이것저것 섞은 인터리빙으로 풀려고 합니다. 즉, 신장내과를 공부할 때는 전해질 이상에 관한 장을 읽고 나서 전해질 이상에 관한 문제를 푸는 것이 아니라 교과서를 폭넓게 읽고 나서 신장내과 영역의 문제를 뒤섞어서 푸는 식입니다.

신장의 염증에 관한 장을 읽은 후에 신장의 염증에 관한 문제를 풀면 답이 쉽게 나오기 때문에 제 체감으로는 문제를 읽고 '이건 신장의 염증에 관한 문제인가 아니면 다른 질환에 관한 문제인가.' 하고 생각하는 것에 의해 좀 더 부하가 걸려서 이해가 빨라지는 것처럼 느낍니다.

▶▶ 지식의 응용력이 길러진 결과, 본 적이 없는 희귀질환을 진단 할 수 있었다

또, 다른 문제에 다양한 지식을 활용함으로써 유연한 사고가 길러집니다.

임상 현장에서는 구급 외래에서 입원한 환자가 어떤 병을 앓고 있는지, 진단되지 않는 경우가 많습니다. 환자나 가족으로부터 이야기를 듣고, 신체 진찰을 하고, 혈액 검사나 화상 검사 등의 객관적인 데이터와 종합하여 많은 질환의 가능성을 고려한 후에 진단하는 작업에는 지식의 응용력과 사고의 유연성이 요구됩니다.

한쪽 다리만 내출혈이 반복되는 괴혈병(비타민C 부족), 전 세계를 통틀어 몇 건밖에 보고되지 않은 약의 상호작용에 의한 쿠싱증후군, 트리파노소마 크루지라는 남미의 기생충에 의한 중증 심부전(샤가스병), 아프리카의 말파리 유충에 의한 피부병 등, 다른 의사가 진단하지 못한 병을 몇 가지 진단할 수 있었던 적이 있습니다. 이처럼 스스로도 진단한 적이 없는 희귀질환을 진단할 수 있었던 것은 평소 진료를 볼 때 인터리빙 학습을 함으로써 지식뿐만 아니라 지식의 응용력이 길러진 덕분일지도 모른다고 생각하곤 합니다.

일반적인 공부를 할 때 인터리빙의 손쉬운 실천 방법의 예로는 모의시험이나 기출문제를 푸는 것을 들 수 있습니다. 이 문제 저 문제 가리지 않고 출제되는 문제집을 푸는 것에 의해 지식의 응용력이 높아집니다.

수학 교과서·참고서 등을 풀 때는 앞뒤 장의 문제를 뒤섞어서 풀어본다, 역사를 '일문일답'과 같은 책으로 공부할 때는 시대 구분 없이 대답해보는 등, 인터리빙을 어떻게 자신의 공부에 도입할 수 있는지 생각해보길 바랍니다.

✔ 인터리빙이란 어떤 학습법입니까?

✔ 유창성의 착각(환상)이란 무엇입니까?

✔ 정교화 질문이란 무엇입니까?

✔ 자기 설명이란 어떤 학습법입니까?

✔ 액티브 리콜이란 무엇입니까?

✔ 던로스키 교수팀의 학습법에 관한 보고서에서 '유용성이 높다' 또
는 '유용성이 중등도'라고 평가된 학습 방법에는 무엇이 있습니까?

3

기억하기 어려운 것을
기억하는 고대로부터
내려온 기억술

- 이미지 변환법이란

- 스토리법이란

- 장소법이란

기억하기 어려운 것을 기억하는
고대로부터 내려온 기억술

지금까지 학습에 관한 논문을 소개하면서 과학적으로 효과가 큰 학습법에 관해 설명했습니다.

액티브 리콜이나 분산 학습, 자기 설명과 정교화 질문, 인터리빙 등은 실천하는 것만으로도 학습 효율이 상당히 높아지는 것은 틀림없습니다.

다만 공부하다 보면 이런 방법들로 공부해도 도저히 기억하기 어려운 정보가 있다고 생각합니다. 예를 들어 어려운 영어 단어, 숫자의 나열이나 연도, 생판 처음 보는 고유명사 등입니다.

'시험 때까지 시간이 얼마 남지 않았어. 그래도 확실하게 기억하고 싶은데.'

이럴 때 저는 '기억술'을 사용하곤 합니다.

QUESTION

이 책의 내용을 생각나는 만큼 종이에 써보세요.

기억술이라고 하면 왠지 미심쩍게 들릴지도 모릅니다. 제가 어렸을 때 잡지에 종종 기억술 관련 통신교육 광고가 실렸는데, 당시에 '왠지 미심쩍어.'라고 생각했던 것을 기억합니다. 그러나 훗날 기억술이란 인류가 고대에 고안해낸 기억하기 어려운 것을 기억하기 쉽게 하는 '두뇌 사용법'이라는 것을 알았습니다.

기억술을 굳이 한마디로 표현하면 **기억하기 어려운 것을 기억하기 쉬운 이미지로 변환한다,** 딱 이거 하나라고 생각합니다.

문자라는 것은 인간의 뇌에 비교적 새로운 형태의 정보입니다. 생물이 뇌를 갖게 된 것은 약 5억 년도 더 전의 일이라고 합니다. 그리고 인류에게 최초의 문자 체계는 기원전 3000~3500년경에 메소포타미아의 수메르인에 의해 사용되기 시작했다고 합니다.

그러기에 인간의 뇌라는 것은 문자 정보를 그 자체의 형태로 기억하는 것이 비교적 능숙하지 못한 일이라고 추측할 수 있습니다. 그때까지 인류는 살아가기 위해 중요한 정보를 문자 정보로서가 아니라 시각적인 이미지나 장소로 기억하는 경우가 많았다고 상상할 수 있습니다.

예를 들어 먹을 것을 찾아 자연 속을 걸어 다니다가 포도를 발견하고 먹어보니 맛있었다면 동그란 열매가 송이에 잔뜩 달린 달콤한 과일이라는 시각적인 이미지를 기억했을 것입니다.

인간의 뇌로는 기억하기 어려운 문자나 숫자를 기억하기 쉬운 이미지로 변환하여 기억한다는 방법에는 납득할 수 있습니다. 필시 고대의 인간은 '어? 이렇게 했더니 정말로 기억하기 쉬워지는구나!'라고 실감하고 그 방법을 기록했을 것입니다.

기억에 관해 가장 중요한 자료 중 하나인, 기원전 1세기에 쓰인《헤렌니우스에게 바치는 수사학》에서는 기억에는 자연스럽게 떠올릴 수 있는 기억과 기술에 의한 기억, 즉 훈련으로 강화되는 기억이라는 두 종류가 있고, 기술에 의한 기억에는 '이미지'가 필요하다고 쓰여 있습니다. 지금, 서점에 진열된 기억술 책에 쓰여 있는 것은 2000년 이상 전에 고대 사람에 의해 쓰인 방법과 본질적으로는 같은 것입니다.

▶▶ 이미지 변환법이란

기억하기 어려운 것을 이미지로 변환한다…… 말은 쉬워도 별로 해본 적이 없는 사람에겐 이해하기 어려운 일이라고 생각하기에 좀 더 설명하겠습니다.

우선 숫자를 예로 들겠습니다. 공부하다 보면 연호나 어떤 일정한 숫자의 나열을 외워야 하는 상황이 있습니다. 그럴 때 숫자는 숫자 자체만이라면 외우기 어렵지만, 이미지로 변환하면 외우기가 쉬워집니다.

(*아래 내용부터 이번 장까지는 저자와의 협의를 통해 원문을 토대로 한국 독

자들의 이해를 돕기 위해 옮긴이가 편역한 것임을 알려드립니다.)

기억하고 싶은 것을 이미지로 변환하는 방법에는 몇 가지가 있습니다.

영어권에서 태어나고 자란 사람은 숫자를 이미지로 변환하기 위해 특수한 변환 방법을 사용하는 경우가 있는데, 한국어에는 다행히도 숫자를 이용한 언어유희가 있습니다. 예를 들어 1004라면 '천사', 8282라면 '빨리빨리', 7942는 '친구 사이'와 같이 과거 삐삐를 사용하던 시절에 문자 대신 숫자로 간단히 의사를 전달한 것을 들 수 있습니다.

또 상업용 전화번호에서 종종 볼 수 있는 2424(이삿짐센터), 4989(중고품 매매상), 9292(숯불구이 전문점) 등도 숫자를 이용한 이미지 변환법의 대표적인 예라 할 수 있는데, 숫자(전화번호)를 보면 바로 이삿짐센터, 중고품 매매상 등의 연관 이미지가 떠올라 그 전화번호가 쉽게, 또 오랫동안 기억에 남게 됩니다.

'이미지 변환법'의 예

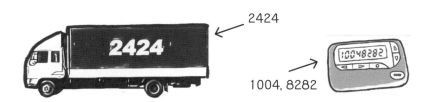

2424

1004, 8282

이처럼 숫자를 이미지로 변환하는 것은 가능한 한 자신이 확실하게 떠올릴 수 있는 '사람'이나 '물건', '특수한 사건' 등을 활용하는 것이 좋다고 생각합니다.

예를 들어 베르사유 조약이 체결된 해인 1919년을 외우려고 할 때 이미지 변환법을 어떻게 활용할 수 있을까요?

베르사유 조약은 1918년 독일의 항복으로 끝난 제1차 세계 대전의 전후 처리를 위해 프랑스 베르사유 궁전에서 연합국과 관련국, 그리고 독일이 맺은 강화조약입니다. 당시 유럽에서 막강한 위세를 떨치던 독일 제국을 규제하고 독일의 전쟁 책임을 묻기 위한 것이 주요 내용입니다. 이 조약에서 독일은 전쟁에 대한 책임을 인정하고 막대한 배상금을 지불하는 조건을 받아들였습니다.

일반적인 방법이라면 1919년을 '베르사유 조약이 체결된 해' '제1차 세계 대전의 전후 처리를 위한 베르사유 조약이 체결된 해'와 같이 개념이나 정의로만 외웁니다.

다만, 저는 이런 일반적인 방법으로는 잠깐은 기억할 수 있어도 기억에 오래 남기기는 어려우리라 생각합니다.

우선 '베르사유 조약이 체결된 해' '제1차 세계 대전의 전후 처리를 위한 베르사유 조약이 체결된 해' 등이 구체적인 이미지로서 1919년을 떠올리게 하는 데 아무 실마리도 되지 않고, 게다가 막연한 역사적 사실의 나열로는 설령 기억한다 해도 머릿속에 오래 남지 않기 때문입니다.

그래서 저는 이미지로 변환할 때 형용사나 동사로 변환하는 것을 되도록 피하고, 구체적인 '인물'이나 '물건', '사건' 등으로 변환하려고 합니다.

베르사유 조약이 체결된 해인 1919년으로 제가 즉각 떠올릴 수 있는 것은 예전 MBC 아나운서이자 현재 프리랜서로 활동하고 있는 최일구 아나운서입니다. 이름 자체가 일구(19)이기 때문에 최일구 아나운서만 떠올리면 바로 숫자 19가 떠올라서 아무 어려움이 없고, 19가 반복되는 1919년을 전후 처리를 위한 베르사유 조약과 연결하기 위해 최일구 아나운서가 베르사유 궁전에 가서 두 팔(1919)을 들고 종전을 기념해 만세를 부르는 장면을 머릿속에서 그려봅니다.

그러자 베르사유 조약이라는 말을 들으면 자연스럽게 최일구(19) 아나운서가 베르사유 궁전에 가서 두 팔(1919)을 들고 만세를 부르는 장면이 떠오르며 제1차 세계 대전의 전후 처리를 위한 베르사유 조약이 체결된 해가 1919년이라고 생각납니다.

이런 이미지 변환법의 이점으로는 다른 정보를 이미지로 쉽게 추가할 수 있다는 것을 들 수 있습니다.

예를 들면 베르사유 조약은 앞에서도 말했듯이 제1차 세계 대전의 전후 처리를 위한 조약으로 독일 제국을 규제하고 독일의 전쟁 책임을 명확히 하기 위해 연합국과 독일 사이에 체결된 강화조약입니다. 이 조약은 독일에 큰 타격을 입혔는데, 특히 막대한 전쟁 배상금으로 인해 독일 경제는 뿌리째 흔들리게 되었습니다. 이러한 사실도 기억하기 위해 저는 베르사유 궁전으로 여행하러 간 최일구 아나운서가 막대한 여행 경비에 살림이 휘청이게 된 것을 이미지화해봅니다.

훗날 베르사유 조약이라는 말을 들으면 이 이미지로부터 베르사유 궁전에 가서 두 팔 들고 만세를 부르는 최일구 아나운서로 1919년을, 최일구 아나운서가 막대한 여행 경비로 인해 살림이 어려워진 모습으로 막대한 배상금을 지급한 독일이 경제적으로 어려운 처지에 놓인 것을 떠올릴 수 있을 것입니다.

최일구 아나운서로 1919년을 떠올리는 연상법

지금 제가 1919년이라는 연도로부터 단시간에 떠오른 것들을 이미지로 변환해보았는데, "이미지가 딱 맞아떨어지지 않는다.""연상하기 어렵다.""너무 억지스럽다."라는 분도 계실지 모릅니다.

예를 들어 19가 최일구 아나운서를 모르는 사람에겐 쉽게 연결시킬 수 없는 숫자이고, 뜬금없이 베르사유 궁전에 가서 만세를 부르는 모습도 너무 억지스러운 설정이라고 할 수 있습니다.

그러나 어디까지나 제가 19라는 숫자로 바로 떠올릴 수 있는 이미지로 최일구 아나운서를 활용했을 뿐이니 여러분도 어떤 숫자를 외우려고 할 때 본인이 그 숫자로 가장 쉽게 떠올릴 수 있는 이미지로 변환하면 될 것입니다.

이때 중요한 것은 자신이 생각하기에 '딱 맞아떨어지는 이미지'로 변환하는 것입니다. 살아온 환경이나, 체험한 것, 숫자나 단어에서 떠오르는 이미지가 사람마다 다르기에 딱 맞아떨어지는 이미지에도 개인차가 있습니다. 지금까지 자신이 쌓아온 지식과 경험을 총동원해서 이미지를 만드는 것은 정말로 즐거운 일입니다.

이미지 변환법은 연도와 같은 숫자의 나열뿐만 아니라 영어 단어나 어려운 용어 등에도 사용할 수 있습니다.

예를 들어 영어 능력검정시험 1급 레벨의 단어로 이미지 변환법을 시험해보겠습니다.

- Sneer(스니어): 비웃다, 조롱하다
- Dearth(다스): 부족, 결핍
- Petulant(페츄런트): 짜증을 내는, 심통 사나운

이런 영어 단어(물론 다른 외국어 단어도 마찬가지)는 액티브 리콜과 간격 반복을 사용해서 외워도 되지만, 왠지 낯설어서 '외우기 어려울 것 같다.'고 느꼈다면 이미지 변환법을 활용해보는 것도 좋다고 생각합니다.

우선 Sneer에 대해 알아보죠. '스니어'라는 발음으로부터 스니커즈를 떠올립니다. 그리고 단어의 의미도 이미지로 떠올릴 수 있도록 싸구려 스니커즈를 신고 있는 자신을 비웃는 친구를 상상합니다. 그렇게 하면 다음부터 Sneer라는 단어를 보았을 때 싸구려 스니커즈를 신고 있는 자신을 비웃는 친구가 머릿속에서 떠오르며 '비웃다'라는 의미도 생각날 것입니다.

Dearth(다스)라는 단어로부터는 영화 〈스타워즈〉의 다스 베이더가 늘 고독해 보이는 모습에서 사랑이 결핍되었다는 이미지를 떠올립니다. 혹은 쿠크다스라는 과자를 친구에게 나눠주었더니 자신이 먹을 것이 부족해진 장면을 상상해봅니다.

Petulant는 어떻게 변환할까요? 처음의 '페츄'는 〈포켓몬〉에 나오는

'피츄'로 변환해봅니다. 후반부의 lant는 랜드와 비슷하므로 '디즈니랜드'로 변환합니다. 피츄와 디즈니랜드에 갔더니 친구 포켓몬들이 없었기 때문에 피츄가 짜증을 내는 장면을 상상합니다.

혹은 페루의 '마추픽추'에 디즈니랜드가 생겨서 현지인들이 짜증이 난 모습을 상상하는 등 여러 가지 이미지의 선택지가 있습니다.

영어 단어에는 도저히 이미지로 변환할 수 없는 단어도 있으므로 '기억하기 어려워 보이는 단어'를 '이미지로 변환하기 쉬워 보이는 단어'와 묶어서 이러한 이미지 변환법을 사용하면 될 것입니다.

지금까지 특정한 연도나 영어 단어 등 조금 짧은 숫자나 단어의 예를 들면서 내 나름의 이미지 변환법을 소개해보았습니다. 어떻게 포인트가 좀 잡혔을까요?

▶▶ 스토리법이란

시험공부나 자격시험 공부를 하다 보면 복수의 조금 긴 숫자나 단어 리스트를 외우고 싶을 때가 있습니다. 그럴 때 제가 사용하는 것은 기억술 중에서도 '스토리법'이라 불리는 것입니다. 이것은 기억하고 싶은 것을 이미지로 변환하여 스토리(이야기)로 만들어 연결해가는 기억술입니다.

기억술 관련 책을 보면 단순히 이름을 순서에 따라 외운다는 예가 나오는 것이 있는데, 이 책에서는 실천에 가까운 형태로 소개하려고 합니다.

그 예로 중국의 매우 간략화된 역대 왕조의 흐름을 기억술을 사용해 외워보도록 하겠습니다.

하(夏) → 상(商) → 주(周) → 진(秦) → 한(漢) → 삼국시대(三國時代) → 진(晉) → 수(隋) → 당(唐) → 송(宋) → 원(元) → 명(明) → 청(淸) → 중화민국(中華民國)

우선 '하'는 여름이 바로 떠오릅니다. 한여름의 무더위 속에서 제가 점심시간에 학교 교정에 서 있는 모습을 상상해봅니다. 쨍쨍 내리쬐는 햇볕 아래에서 땀을 뻘뻘 흘리면서 매미가 울고 있는 장면도 함께 생생하게 상상해봅니다.

다음으로 '상'은 글자로 유추해서 떠올릴 수 있는 것이 '상인'입니다. 상인이라는 단어로 제 머릿속에 바로 떠오른 것은 머리에 터번을 두른 아랍 상인의 이미지입니다. 한여름의 무더운 교정에 서 있는데 아랍 상인이 다가오는 장면을 상상합니다.

그다음이 '주'인데, '주'라는 말에서 시원하고 달콤한 '주스'를 떠올

하 ──→ 상 ──→ 주 ──→ 진 ──→ 한 ──────

립니다. 한여름의 무더운 교정에 서 있는데 상인이 다가와서 시원하고 달콤한 주스를 팔아 그것을 사서 마시는 장면을 상상합니다. '시원하고 달콤하고 맛있구나'라는 느낌과 함께 상상해봅니다.

'주' 다음의 '진'. '진'이라는 소리에서 우선 떠오른 것은 '진라면'이라는 인스턴트 라면입니다. 달콤한 주스를 먹은 후 배가 고파서 점심으로 진라면을 먹기 시작하는 장면을 상상합니다.

라면을 몇 입 못 먹었는데 아쉽게도 종이 울렸습니다. 점심시간이 끝났습니다.

다음은 '한', 이 단어에선 '한자'가 떠오릅니다. 점심시간이 끝나고 다음 시간에는 한자 시험을 봐야 합니다. 다 먹지 못한 진라면을 아쉬워하면서 교실로 돌아가 한자 시험을 치르는 장면을 상상합니다.

그다음의 '삼국시대'에서는 3국의 대표인 위나라의 조조, 촉나라의

→ 삼국시대 ———→ 진 —→ 수 —→ 당 ———

유비, 오나라의 손권 등 세 영웅이 떠오릅니다. 그렇다 해도 그들의 얼굴을 아는 것이 아니므로 그냥 '세 명의 영웅'으로 변환합니다. 한자 시험을 보고 나니 세 명의 영웅이 저를 데리러 오는 장면을 상상합니다.

다음으로 '진'. 다시 '진'이 나왔는데, 이번엔 경상남도 진주로 변환해봅니다. 좀 전에 제가 점심 식사를 제대로 하지 못했기에 맛있는 식사를 하기 위해 세 명의 영웅과 함께 KTX를 타고 진주로 이동하는 장면을 상상합니다. '위대한 세 명의 영웅이 고작 점심을 먹기 위해 저를 데리고 KTX를 타고 진주까지 가다니 참 대단하다.'라고 감탄하는 감정과 함께 상상해봅니다.

다음은 '수'. '수'라는 말에서는 곧장 무언가를 떠올릴 수 없기에 '수산물'로 변환해보기로 합니다. 한자 시험이 끝난 기념으로 다 같이 호기롭게 수산물이 가득 들어간 해물탕을 먹는 모습을 상상합니다.

→ 송·원 ——→ 명 ——→ 청

　꽃게를 비롯한 수산물이 가득 든 해물탕을 먹고 있는데 냄비 안에 중국에서 들어온 매운 것이라 하여 옛날에는 당신(唐辛), 또는 당초(唐椒)라고도 불린 정말 매운 고추가 들어 있는 걸 무심코 먹고 '당'을 떠올립니다.

　'당' 다음의 '송'과 '원'. 이 두 가지는 함께 한국의 타월 회사로 유명한 송월타월로 변환해봅니다. 해물탕 속에 든 정말 매운 고추를 무심코 먹고 너무 매워서 뻘뻘 흐르는 땀을 송월타월로 닦아냅니다.

　땀을 다 닦고 나서 식당에서 나와 하늘을 올려다보니 눈이 부실 정도로 밝은 빛이 여전히 세상을 비추고 있어서 나도 모르게 눈을 감습니다. '명'을 밝은 빛의 이미지로 변환합니다.

　다음은 '청'. 이것은 한자는 다르지만 발음이 같은, 과거 프로야구 구단이었던 MBC 청룡으로 변환해봅니다. 밝은 빛에 조금 익숙해져서 눈을 천천히 뜨자 그곳에 MBC 청룡의 간판타자가 서 있습니다.

그와 함께 다시 기차를 타고 학교 교정으로 돌아오는 모습을 상상합니다.

자, 지금까지의 스토리를 다시 한번 이미지로 그려보죠.

먼저 한여름(夏)의 교정에 서 있었더니 아랍 상인(商)이 다가와서 시원하고 달콤한 주스(周)를 사서 마셨습니다. 그 후 진라면(秦)을 몇 입 먹지도 못했는데 종이 울려서 한자 시험(漢)을 치르러 교실로 들어갔습니다. 시험을 다 보자 세 명의 영웅(三國時代)이 데리러 와주었습니다. 세 명의 영웅과 함께 부랴부랴 KTX를 타고 진주(晉)로 가서 다 같이 수산물(隋)이 가득 든 해물탕을 먹으러 식당에 들어갔습니다. 해물탕을 먹고 있을 때 정말 매운 당초(唐)를 무심코 먹고 너무 매워서 뻘뻘 흐르는 땀을 송월(宋·元)타월로 닦았습니다. 땀을 다 닦고 밖으로 나와 하늘을 올려다보니 여전히 밝은 빛(明)이 비추고 있었습니다. 그 빛에 눈이 부셔서 눈을 감았다가 천천히 눈을 떠보니 MBC 청룡(淸)의 간판타자가 서 있어서 그와 함께 학교 교정으로 돌아왔습니다……

이 스토리를 몇 번 머릿속에서 반복하는 것만으로도 중국의 대략적인 시대 흐름을 쉽게 외울 수 있다고 봅니다.

또 하나 스토리법의 연습으로 휴먼 파필로마 바이러스(Human

Papilloma Virus, HPV, 인유두종바이러스)라는 자궁경부암을 일으키는 중요한 바이러스 유전자형의 일부를 외워보도록 하겠습니다.

휴먼 파필로마 바이러스는 피부나 점막을 감염시키는 가장 흔한 바이러스입니다. 이 바이러스에는 100여 종의 유전자형이 있고, 그중 '고위험군'은 자궁경부암, 중인두암, 항문암 등을 일으키는 원인이 되기 때문에 의학적으로는 매우 중요한 바이러스입니다.

고위험군에서 가장 중요한 유전자형은 16과 18입니다. 그 외에 31, 33, 35로 이어집니다.

이처럼 많은 숫자를 외워야 할 때 숫자 자체를 그대로 외우려고 하는 것은 상당한 어려움이 따릅니다. 그래서 저는 기억술로 간단하고 편하게 외우는 것을 생각했습니다. '만약 이처럼 별로 익숙지 않은 숫자를 시험을 위해 몇 개나 외워야 한다면 난 이렇게 외운다.'의 예로 소개합니다.

처음 숫자 16으로 바로 떠오른 것은 배구 여제로 유명한 김연경 선수입니다. "어이, 이봐! 김연경 선수랑 16이 무슨 상관이지? 등번호도 주로 10번을 달았는데."라고 따지는 분도 계시겠지만, 대한민국 배구 국가대표로 16년간 활약하고 국가대표에서 은퇴했기에 16을 김연경 선수로 변환한 것입니다. 외워야 할 것이 휴먼 파필로마 바이러스의 유전자형이므로 '파필로마'를 연상시킬 수 있는 파프리카를 떠올렸습니다. 빨갛고 노란 '파프리카'를 김연경 선수가 맛있다는 듯 먹으면서 체육관으로 들어가는 장면을 상상합니다.

　다음 숫자 18은 발음상 바로 욕설이 떠오르지만, 그래도 교육을 목적으로 한 책인데 노골적으로 욕을 쓸 수는 없으니 말할 때 입 모양이 비슷한 '식빵'으로 변환해봅니다. 마침 김연경 선수의 식빵 일화는 김연경 선수가 식빵 언니로 불릴 정도로 유명하니 적당한 비유라 할 수 있습니다. 파프리카를 먹으며 체육관에 들어선 김연경 선수가 경기 도중 심판의 억울한 판정에 격분해서 '식빵'을 외칩니다. 이런 기묘한 이미지를 상상합니다.
　이렇게 '파필로마', 16, 18까지 외웠습니다.

　다음의 31은 바로 유명 아이스크림 브랜드인 배스킨라빈스 31을 떠

휴먼 파필로마 바이러스 유전자형의 분류

악성도 분류	HPV 유전자형
고위험군	16, 18, 31, 33, 35, 39, 45, 52, 52, 56, 58, 59, 68, 73, 82
중간 위험군	26, 53, 66
저위험군	6, 11, 40, 42, 43, 44, 54, 61, 70, 72, 81, 89

출전: 일본 성감염증 학회지 〈성감염증 진단·치료 가이드라인 2006〉

올릴 수 있으니 경기를 마친 김연경 선수가 맛있게 배스킨라빈스 31을 먹고 있는 모습을 상상합니다.

다음은 33, 이것은 '귀'로 변환합니다. 숫자로 얼굴을 그릴 때 귀는 주로 3으로 표현하기 때문입니다. 아이스크림을 다 먹은 김연경 선수가 심심했는지 거울에 입김을 불더니 숫자로 자신의 얼굴을 그리는 모습을 상상합니다.

다음 숫자인 35는 바로 '보름'이 떠올랐습니다. 보름을 다른 말로 '삼오'라고 하기 때문입니다. 거울에 자기 얼굴을 장난스레 그린 김연경 선수가 밖으로 나와 보니 하늘에 보름달이 휘영청 떠 있는 장면을 상상합니다.

자, 이제 처음부터 지금까지의 스토리를 떠올려봅니다. 파프리카(휴먼 파필로마 바이러스)를 먹으며 체육관으로 들어온 김연경 선수(16)가 경기 도중 심판의 억울한 판정에 격분해서 식빵(18)을 외친다. 경기를 마친 그녀가 배스킨라빈스 31(31) 아이스크림을 맛있게 먹고 심심했는지 거울에 입김을 불더니 숫자로 자기 얼굴을 그리고(33), 밖으로 나와 보니 하늘에 보름달(35)이 휘영청 떠 있다.

이 스토리를 몇 번 머릿속에서 반복하는 것만으로도 휴먼 파필로마 바이러스의 고위험군 유전자형 다섯 개를 쉽게 외울 수 있습니다. 더 외우고 싶은 경우엔 숫자를 이미지로 변환하여 스토리를 연결하기만 하면 됩니다.

변환하는 이미지는 신기한 것, 재미있는 것, 기분 나쁜 것, 무서운 것, 야한 것 등 자극적이고 비일상적인 것으로 하면 더 쉽게 기억할 수 있게 됩니다. 감정을 조절하는 편도체가 작동하면 기억에 쉽게 남기 때문입니다.[76]

기원전에 쓰인 《헤렌니우스에게 바치는 수사학》에도 기억의 이미지에 관해 이렇게 쓰여 있습니다.[77]

"기억의 이미지 중에는 강하고 명료하여 확실하게 기억을 불러일으킬 수 있는 것도 있고, 약해서 기억을 거의 불러일으키지 못하는 것도 있다. (중략) 실은 자연이 답을 가르쳐주고 있다. 무엇이든지 사소하고, 평범하고, 지루하다고 생각하면 대개는 기억할 수 없다. 왜냐하면 정신은 기이하지 않고 놀랍지 않은 것에는 움직이지 않기 때문이다. 그러나 예외적인 것이나 불명예스러운 것, 비상식적인 것, 놀라운 것, 믿을 수 없는 것, 박장대소할 수 있는 것이라면 놀라울 정도로 오래 기억할 수 있을 것이다. 보거나 듣는 것 중에서 너무나 익숙한 것은 잊어버리는 일이 많다."《헤렌니우스에게 바치는 수사학》: 기억술의 원전)

이미지로 변환하는 작업은 처음엔 시간이 아깝고 귀찮다고 느낄지도 모릅니다. 그러나 익숙해지면 비교적 단시간에 자신에게 확 와닿는 재미있는 이미지를 만들 수 있게 될 테니 반드시 시도해보기를 바랍니다. 우선은 자신의 신용카드 번호나 역사 연호 등으로 연습해보기를 권합니다.

▶▶ 장소법이란

스토리법 외에 기억술로 유명한 것이 '장소법'입니다. 장소법은 기억의 궁전, 저니법, 로키법 등 여러 가지 용어로 불립니다. 대량의 정보를 순서대로 기억하기 위해 기억력 대회에 참가한 선수들이 잘 사용하는 방법입니다. 저는 평소 공부할 때는 거의 사용한 적이 없지만, 자격시험을 공부할 때 대량의 정보를 순서대로 기억해야 하는 사람에게는 도움이 될지도 모릅니다.

장소법은 우선 외우고 싶은 것을 이미지로 변환한 뒤 자신이 잘 아는 장소, 예를 들면 집이나 통학로, 사무실 등에 '기억을 놓을 자리'를 정해 그곳에 이미지를 배치해갑니다.

좀 더 구체적으로 말하면 자기 집을 기억의 이미지를 놓을 자리로 한다면 대문, 현관, 세면대, 주방의 냉장고, 식탁, 소파, 침실 등 이미지를 놓을 자리와 순서를 미리 정해두고 그곳에 자신이 만든 이미지를 배치해갑니다.

  그 후, 머릿속에서 처음부터 순서대로 걸으면서 배치한 기억의 이미지를 떠올린다는 방법입니다.

  앞의 휴먼 파필로마 바이러스에서 만든 이미지로 장소법을 한다고 하면 우선 집에 돌아왔더니 파프리카를 먹고 있는 김연경 선수(16)가 대문 앞에 서 있어서 자신이 놀라는 장면을 상상합니다. '우와, 김연경 선수가 날 만나러 와준 거야?'라며 놀라움과 기쁨의 감정도 함께 떠올려봅니다.

  현관으로 들어서자 자신의 몸과 비슷한 크기의 대형 식빵(18)이 놓여 있어서 집 안으로 들어가는 데 애를 먹는 모습을 상상합니다.

  다음으로 세면대로 가자 배스킨라빈스 31 아이스크림(31)이 놓여 있어서 이게 웬 떡이냐며 허겁지겁 먹는 모습을 상상합니다.

'장소법'의 예

먹다 남은 아이스크림을 보관하려고 주방으로 가자 냉장고 문에 많은 귀(33)가 달린 기괴한 광경을 상상합니다.

그리고 식탁엔 보름달 모양을 한 추억의 보름달 빵(35)이 놓여 있어서 어릴 적 추억을 떠올리며 보름달 빵을 맛있게 먹는 광경을 상상해 봅니다.

다시 말해서 이처럼 기억의 이미지를 미리 정해놓은 기억을 놓을 자리에 놓고, 다시 한번 머릿속에서 순서대로 걸어가 보면 대문 앞에 서 있는 김연경 선수, 현관으로 들어갔더니 식빵, 세면대에는 배스킨라빈스 31 아이스크림이 있고…… 이런 식으로 떠올릴 수 있습니다.

친구 집에 놀러 가서 한 번 쭉 둘러본 것만으로도 나중에 어디에 냉장고가 있었는지, 화장실이 어디였는지를 떠올릴 수 있는 사람은 많다고 생각합니다.

인간의 뇌라는 것은 이미지뿐만 아니라 '장소'에 대해서도 쉽게 기억하듯이 장소법은 이 특성을 살린 기억의 방법이라 할 수 있습니다.

기억력을 경쟁하는 선수들(메모리 애슬릿)이 애용하는 것이 바로 이 장소법입니다. 카드 데크에 죽 늘어서 있는 카드를 단시간에 모두 정확하게 기억하고자 할 때 장소법이 종종 사용됩니다.

선수들이 기억하고 있을 때 펑크셔널 MRI(자기공명영상)라는 방법을 사용하여 뇌 활동을 조사하자 공간적 배치에 중요한 역할을 하는 영역이 활성화되어 있었다는 논문이 있습니다.[78] 필시 머릿속에서 기억을 놓을 자리를 걸어 다니고 있었기 때문일 것이라고 추측되고 있습니다.

이런 기억술에 관해 구체적으로 쓰려고 하면 그것만으로도 책 한 권을 다 채울 정도입니다. 실제로 서점에는 많은 기억술 선수들이 쓴 책이 있으므로 관심이 있는 분은 꼭 읽어보시길 바랍니다. 제가 추천하는 책은 조슈아 포어의 《1년 만에 기억력 천재가 된 남자》(류현 옮김, 갤리온)입니다.

지금까지 연도와 영어 단어, 중국의 역대 왕조, 휴먼 파필로마 바이러스의 유전자형을 예로 들며 공부할 때 어떻게 기억술이 사용되는지를 설명했습니다.

마지막으로 이 책에도 종종 언급되고 있는 던로스키 교수팀의 학습법 보고서에는 기억술에 관해 어떻게 쓰여 있는지를 소개합니다. 보고서에서는 '키워드 연상하기(Keyword mnemonic)'라고 표현하고 있는데, 이것은 머릿속에서 이미지화하여 기억하는 기억술을 가리킵니다. 연구 분야에서는 특히 외국어 단어를 기억하기 위해 유용한지 어떤지가 1970년대 이후로 조사되어왔습니다.[5, 79]

기억술에 관해서는 초등학생부터 대학생까지, 학습 장애가 있는 학습자를 포함해서 효과가 있다고 밝혀졌지만, 기억술에는 어느 정도의 훈련이 필요한지와 이미지화하는 것이 어려운 단어가 있는 점, 장기적인 기억으로의 정착에 관한 효과가 아직은 확실히 밝혀지지 않은 점 등이 그 결점으로 쓰여 있습니다. 이런 점에서 효과가 좀 더 실증되었고, 훈련하지 않아도 사용할 수 있는 액티브 리콜보다는 유용성이 낮지 않을까 하는 것이 결론입니다.

이 점에 관해서는 저도 동의합니다. 다만, 특히 기억하기 어려운 것에 관해서는 기억술이 도움이 되는 경우가 있다고 생각합니다.

✔ 기억술에는 어떤 방법이 있습니까?

✔ 기억술에서 만드는 이미지는 어떤 것이 기억에 남기 쉽습니까?

✔ 인터리빙이란 어떤 학습법입니까?

✔ 본서의 내용을 생각나는 만큼 백지에 써보세요.

✔ 자신의 신용카드 번호를 외우지 못한다면 기억술을 사용하여 한번 외워보세요.

4

공부와 관련된 몸과 마음,
환경을 조절하는 법

공부의 동기 부여

지금 이 책을 손에 들고 읽고 있는 사람은 배움에 대한 의욕이 충만하다고 생각합니다. 배우고 싶다는 마음이 없으면 애초에 공부법 책을 손에 들지 않았겠죠. 공부에 대한 동기 부여에 관해 딱히 고민이 없다는 사람은 다음 섹션으로 넘어가도 상관없습니다.

이번 섹션에서는 학습에서의 동기 부여에 관해 생각해보고자 합니다. 왜냐하면 지금까지 설명해온 액티브 리콜이나 분산 학습과 같은 효과적인 공부법을 지식으로서 어느 정도 알았다 해도 배움에 대한 동기 부여가 되지 않으면 아무 의미가 없다고 생각하기 때문입니다. 그런데 동기 부여라는 것은 큰 테마이고, 여기서 깊고 포괄적으로 다루는 것은 불가능하므로 몇 가지 키워드를 간단히 소개하고 그중에서 실천할 수 있는 것이 없는지, 여러분과 함께 생각해보고자 합니다.

▶▶ 자신과의 관련성을 생각한다

우선 이것은 당연한 말일지도 모르지만, 인간은 자신과 관련이 있는 정보를 쉽게 기억한다는 특징이 있습니다. 자신과 관련이 있는 정보를 좀 더 효과적으로 처리하고, 쉽게 기억하는 이 현상은 **'자기 참조 효과 (Self-reference effect)'**로 알려져 있습니다.

반대로 말하면 자신과 관련이 없고 자신에게는 의미가 없다고 느끼게 되면, 인간은 의욕이 생기지 않고 좀처럼 기억할 수 없다는 말이 됩니다. 이 또한 당연하다고 생각합니다.

그러나 이 당연하지만 중요한 것이 특히 학교 교육의 현장에서 무시되는 경우가 있는 것 같습니다. 학교에서 배우는 특정 과목에 공부할 마음이 생기지 않는 것은 자신과 어떤 관련이 있는지, 어떤 도움이 되는지 모른다고 느끼는 것이 큰 원인으로 보입니다.

저 역시 지금 생각해보면 중학교나 고등학교에서의 공부는 중요하다고 생각하지만, 고등학생 때는 '이런 공부를 할 필요가 있을까?'라고 느낄 때가 종종 있었습니다. 그런 기억도 있고, 공부한 것이 눈앞의 타인에게 도움이 된다는 것을 쉽게 알 수 있는 의학이라는 학문에 흥미를 갖게 된 것이 의학부를 목표로 한 하나의 이유였습니다.

의학 공부를 시작한 이후로 '이건 훗날, 내가 진찰하는 사람을 위해 도움이 될지도 모른다.'라는 것을 늘 느낄 수 있었습니다. 또 미국의 의사국가시험을 목표로 혼자 끈기 있게 공부할 때도 '이걸 공부하면 미국에서 내과와 감염증 의학을 배우는 길로 이어진다.' '다양한 사람이 있는 미국의 의료 현장에서 일할 수 있게 된다.'라고 나와의 관련성이 명확했기 때문에 강한 동기 부여를 가질 수 있었습니다.

공부할 때 자신이 그것을 왜 배워야 하는지에 관해 스스로 명확한 답을 찾아낼 수 있다면 그것은 배우기 위한 큰 동기 부여가 됩니다.

만약 공부할 때 동기 부여가 되지 않는다면 일단 하던 공부를 멈추고 자신의 생활이나 인생에 그 지식이나 정보가 어떤 관련이 있는지, 왜 그것을 공부하는지를 적어보는 것도 의미가 있습니다.

연구

《사이언스》지에 게재된 자기 참조 효과에 관한 연구를 소개합니다.[80] 이 연구에서는 262명의 고등학생을 두 그룹으로 나눴습니다.

*개입 그룹: 과학(화학이나 물리) 수업 내용이 자신과 어떤 관련이 있는지에 대해 정기적으로 에세이를 쓰게 한다
*또 다른 그룹: 단순히 수업 내용의 정리만 쓰게 한다

자신과의 관련성에 관해 쓰게 한 단순한 개입임에도 불구하고 그 과목을

잘 못한다고 생각한(성공에 대한 기대가 낮은) 학생 중에서는 개입 그룹 쪽이 그 과목에 관한 흥미가 강하고 성적도 확연하게 좋다는 결과가 나왔습니다.

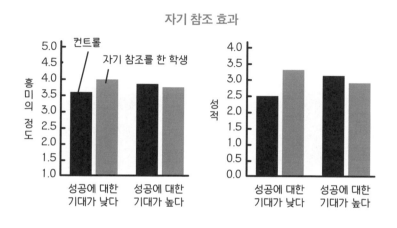

자기 참조 효과

같은 결과는 대학생을 대상으로 한 연구에서도 확인되었습니다.[81] 이러한 학습 내용에 관해 자신과의 관련성을 생각하게 하며 배우는 가치를 인지시키는 것을 **이용 가치 개입**(Utility value intervention)이라 합니다. 특히 어느 특정한 과목을 잘 못한다고 생각하는 사람이나 동기부여가 되지 않는 사람에게는 중요한 스텝이라고 생각합니다.

현재, 전 세계에서 가장 영향력이 강한 기업가 중 한 명인 일론 머스크는 좋고 싫음을 떠나 흥미로운 인물임에는 분명합니다. 한 인터뷰에

서 무언가를 배우는 데 있어서 가장 중요한 것이 무엇이냐는 질문을
받았을 때 그의 대답이 자기 참조 효과에서 언급하고 있는 내용과 같
아서 매우 인상적이었습니다.

"무언가를 기억하기 위해서는 그것에 의미를 부여해야 합니다. 왜
이것이 자신과 관련이 있는지를 말씀해보세요. 왜 자신과 관련이 있는
지를 말할 수 있으면 아마도 그것을 기억할 수 있을 것입니다."
(Full Send Podcast https://youtu.be/fXS_gkWAIs0?si
=zv8Dxwj9jewocWdk)

▶▶ 자신의 학업적 자기 개념에 관해 생각한다

자신과의 관련성 외에 학습의 동기 부여에 영향을 주는 것으로서 자
기 개념(Self-concept)이 있습니다. 자기 개념이란 자기 자신에 관한 이
해나 인식을 가리킵니다.

그리고 공부에서 중요한 것이 **학업적 자기 개념**(Academic self-
concept)입니다. 이것은 '나는 수학을 잘한다.' '나는 문과(혹은 이과)다.'
와 같은 학업과 관련하여 자기 자신에 관한 인식이고, 이 책을 읽고 있
는 분도 일종의 학업적 자기 개념을 가진 것이 아닐까 생각합니다.

한 연구에서는 고등학생 때의 학업적 자기 개념이 IQ 등보다도 졸업

후의 학력이나 직업에 대한 지향("인생 계획을 세우기 위해 어떤 일을 하려고 생각하는가?"에 대한 대답)에 영향을 더 준다는 보고가 있고, 인생의 선택에도 크게 관여한다고 합니다.[82]

학업적 자기 개념은 과거 자신의 학업 성적(수학 시험에서 높은 점수를 받았다), 교사나 부모, 친구로부터의 피드백(수학을 잘한다는 말을 들었다), 동급생과의 비교, 다른 교과 성적과의 비교(수학을 국어보다 잘한다)와 같은 다양한 요인에 의해 형성됩니다.

예를 들어 과거의 수학 성적이 좋으면 '나는 수학을 잘해.'라는 긍정적인 학업적 자기 개념이 형성되는데, 그뿐만이 아니라 '나는 수학을 잘해.'라는 학업적 자기 개념을 갖게 된 것에 의해 더욱더 수학에 대한 동기 부여에 좋은 영향을 주어서 결과적으로 성적이 좋아진다는 것처럼 학업적 자기 개념과 성적은 서로 영향을 주는 관계에 있습니다.[83]

학습자의 노력에 대해 칭찬하는 것이나 학습 목표를 향한 진전이나 달성도에 관한 긍정적인 피드백을 주는 등의 개입을 하는 것에 의해, 자기 개념을 향상시킬 수 있다는 보고도 있습니다.[84] 스스로 무엇을 할 수 있는지에 관해서는 앞으로 설명할 자기 효능감의 항목에서 다루겠습니다.

일본에서는 문과와 이과라는 것이 이항 대립적으로 취급될 때가 있습니다. 그 탓에 '나는 문과(혹은 이과)'라는 학업적 자기 개념을 가진 사람이 많은 것 같습니다. '나는 문과이니까.'라고 스스로 정해버리고 특정한 분야의 공부만 하는 바람에 자신의 가능성을 좁혀버리는 것은 참으로 안타까운 일입니다.

저도 고등학생 때까지는 수학을 잘했기 때문에 '나는 이과'라는 학업적 자기 개념을 갖고 있었다고 생각합니다. 그러나 대학생이 되고 나서는 학문이라는 것은 모두 연결되어 있다는 것을 실감하고, 학업적 자기 개념에 얽매이지 않고 다양한 분야를 공부하는 것이 중요하다고 생각하게 되었습니다.

▶▶ 자기 효능감을 높인다

공부에 관한 동기 부여를 생각하는 데 있어서 매우 중요한 개념으로 캐나다의 심리학자 밴듀라에 의해 제창된 **자기 효능감**(Self-efficacy)이 있습니다.[85] 자기 효능감이란 어떤 목적을 달성하는 데 필요한 행동을 자신이 얼마나 잘 할 수 있느냐는 개인의 확신 정도를 말하고 '자신은 이것을 할 수 있다'라는 감각을 가리킵니다.

자기 효능감이 높은 사람은 학습에 대한 동기 부여가 높고, 좀 더 높은 목표를 설정하거나 학습 계획을 잘 세우는 등 학습 과정을 스스로 조절할 수 있다는 것이 밝혀졌습니다.[86] 또 높은 자기 효능감은 공부에 끈기를 갖게 하고 높은 학업 성과로 이어집니다.[87]

게다가 어떤 학습 분야에 관한 자기 효능감이 높아지면 그 분야에 대한 흥미가 강해지고, 흥미가 강하면 자기 효능감이 높아진다는 상호작용이 있습니다.[88]

이처럼 자기 효능감은 학습의 다양한 측면에 큰 영향을 줍니다.

"당신이 할 수 있다고 생각하든, 할 수 없다고 생각하든 모두 옳다 (Whether you think you can, or you think you can't, you're right)."라는 포드 자동차의 창업자인 헨리 포드의 유명한 말이 있습니다. 이것은 자기 효능감의 힘에 관한 격언이라고 생각합니다. '나는 할 수 있다.'라고 믿는 것이 어떤 높은 목표를 달성하기 위한 중요한 열쇠가 됩니다.

그럼, 자기 효능감은 어떻게 높일 수 있을까요? 자기 효능감에 영향을 주는 것으로는 아래와 같은 것이 있습니다.

① **성공 체험**(제어 체험, Mastery experience): 자기 스스로 과제에 임해 성공하는 경험을 얻는 것에 의해 자기 효능감이 높아집니다. 이러한 성공 체험이 자기 효능감에 가장 큰 영향을 주는 것이라고 합니다.[89]

② **대리 체험**(Vicarious experience): 타인이 어떤 과제를 성공시키는 것을 관찰하는 것에 의해 자기 효능감이 높아집니다. 예를 들어

나이 등 자신과 공통점이 있는 사람이 시험에 합격하는 것을 보고 '나도 할 수 있을지 몰라.'라는 기분을 느끼는 것이 그 예입니다.

③ **언어적·사회적 설득**(Social persuasion): "너라면 할 수 있어.""이 프로젝트는 어렵지만 너라면 잘 해낼 거야."와 같은 상사, 교사나 친구, 부모로부터의 격려나 지지에 의해서도 자기 효능감이 높아집니다.

④ **생리적·감정적 상태**(Physiological and affective states): 불안이나 긴장 같은 감정이나 동요 등의 생리적 반응이 자기 효능감에 영향을 주는 경우가 있습니다. 예를 들어 중요한 프레젠테이션을 앞두고 심한 불안이나 긴장을 느끼며 가슴이 두근거리면 자기 효능감이 낮아지는 경우가 있습니다.

학습에서 자기 효능감을 높일 수 있는 하나의 구체적인 수단으로는 **달성 가능한 작은 목표를 설정하고, 성공 체험을 쌓아가는** 것입니다.

연구

목표 설정이 자기 효능감에 미치는 영향을 조사한 밴듀라와 성크에 의한 유명한 연구가 있습니다.[90] 이 연구에서는 수학의 뺄셈을 못하는 평균 8세의 초등학생 40명에게 42페이지의 뺄셈 문제집을 7세션(각 30분)에 걸쳐 풀게 했습니다. 그때 목표 설정에 관해 다른 아래의 네 그룹으로 나눠 자기 효능감

이나 최종 테스트의 성적, 4회째 세션 후에 몇 페이지를 풀었는지 등을 조사했습니다.

① 근접 목표(Proximal goal) 그룹: 1세션에 적어도 6페이지를 끝내는 것을 목표로 설정할 것을 제안
② 원격 목표(Distal goal) 그룹: 7세션이 끝날 때까지 42페이지를 목표로 할 것을 제안
③ 목표 없는 그룹: 특별히 목표는 설정하지 않지만, 각 세션에서 가능한 한 많은 페이지를 하도록 제시
④ 컨트롤 그룹: 딱히 아무 말도 듣지 않았다

자기 효능감의 평가는 난이도가 다른 25개의 뺄셈 문제를 빠르게 보여주고 자신은 얼마나 풀 수 있다고 생각하는지를 점수화하게 해서 측정했습니다. 실험 개시 시, 4회째 세션 후, 그리고 뺄셈 시험 후에 자기 효능감을 평가했습니다.

결과는 작은 목표를 설정한 학생들 쪽이 자기 효능감이 올라갔고, 마지막 테스트의 성적도 높다고 나왔습니다. 게다가 연구 4회째 세션이 끝났을 무렵에는 작은 목표(근접 목표)를 설정한 그룹의 학생들은 교재의 약 74%를 완료했습니다. 이에 비해 큰 목표(원격 목표)를 설정한 그룹이나 특별히 목표를 설정하지 않은 그룹의 학생들은 각각 약 55%, 53%밖에 완료하지 못했습니다. 즉, 공부의 진행이 가장 빠른 것은 작은 목표를 설정한 그룹이었습니다.

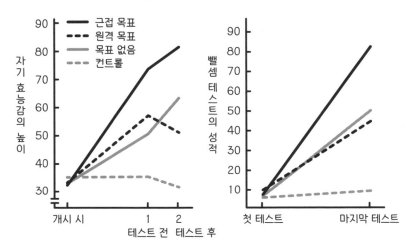

목표 설정별 자기 효능감과 성적의 변화

▶▶ 자신의 공부 진척 상황을 기록하자

또 자기 효능감을 높이기 위해서는 작은 목표를 설정하는 것 외에도 **셀프 모니터링**이라 해서 자신의 공부 진척 상황을 기록하는 것이 효과적입니다.[91] 자신이 공부한 교과의 내용, 시간, 페이지 수나 문제 수를 기록하면 성과가 올라간다는 보고가 있습니다.[92, 93]

무언가를 공부하는 데 동기 부여가 되지 않을 때는 자기 효능감을 높이기 위해서도 큰 목표를 단기간에 달성할 수 있는 작고 구체적인 목표로 세분화하고 자신의 진척 상황을 기록해보세요. 작은 목표를 하나하나 달성해가는 것에 의해 자기 효능감이나 흥미가 높아져서 큰 성과를 달성할 수 있게 됩니다.

큰 목표를 분해하여 단기간에 달성할 수 있는 작은 목표를 그냥 하나하나 해결해간다는 접근 방식은 학습뿐만 아니라 무언가 큰 목표를 달성하고 싶을 때의 기본적인 전략이라고 생각합니다.

당신은 오랫동안 하고 싶다고 생각만 하고 행동으로 옮기지 못하는 것이 있습니까?
그 원인이 '난 할 수 없을지도 몰라.'라는 생각에서 비롯된 것이라면 목표를 작게, 단기간에 달성할 수 있는 스텝으로 분해해보세요.
우선은 그중 하나를 실행하고, 다음으로 또 하나와 같은 식으로 한 걸음씩 진행해가는 것에 의해 '나도 이걸 할 수 있다.'라는 자기 효능감이 서서히 높아져서 최종적인 목표 달성을 향해 전진할 수 있습니다.

제가 일본의 의사국가시험과 미국의 의사국가시험을 동시에 공부할 때 수첩에 적은 내용을 한 페이지 올립니다.
거기엔 '살인적인 스케줄'이라는 수수께끼 같은 글씨가 삐뚤빼뚤 쓰여 있습니다.
1월 19일~21일은 일본의 의사국가시험(2월 17일~19일)을 보기 약

1개월 전. 그 무렵은 제가 하루에 약 12시간에서 13시간을 공부하던 시기입니다. 매일 일어나자마자 그날의 작은 목표를 쓰고, 완수하면 줄을 그어 지워 나갑니다. 푼 문제집(예: 신QB99회라는 것은 제99회 의사국가시험 신장내과 문제집)이나 문제 수(UW30은 미국 의사국가시험을 위한 온라인 문제집의 30문제를 풀었다는 것)를 기록한 것임을 알 수 있습니다.

미국의 의사국가시험을 가능한 한 고득점으로 합격한다는 목표를 세우고, 세분된 작은 목표를 달성해간다. 그리고 그 진척 상황을 기록한다는 당시의 작업은 저의 자기 효능감을 높이는 데 이바지한 것으로 생각합니다.

당시 미국으로 가는 임상 유학에 관한 정보는 많이 부족한 상황이었지만, 일본인 의사나 외국인 의사 중 미국으로 유학을 간 사람의 블로그 등을 보는 것(대리 체험)도 저의 자기 효능감을 높이는 데 도움이 되었습니다.

그리고 생리적·감정의 상태가 자기 효능감에 영향을 미치는 것은 앞에서도 말한 바와 같습니다.

수면 부족이나 피곤할 때는 아무리 해도 의욕이 생기지 않거나, 자기 효능감이 낮아지곤 하는 것은 누구나 경험한 적이 있지 않을까요? 자기 효능감을 높이기 위해서는 자신의 몸 상태나 정신 상태를 운동이나 수면을 통해 양호하게 유지하는 것이 중요합니다.[94, 95] 수면과 운동은 학습에도 중요한 것이므로 다음 섹션에서 자세히 설명합니다.

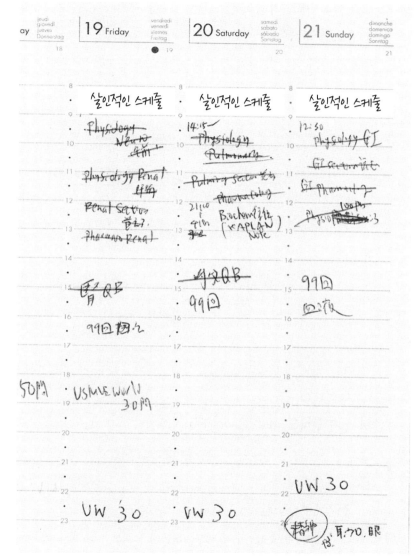

필자가 일본과 미국의 의사국가시험을 동시에 공부하던 시기의 수첩 메모

▶▶ 스스로 결정한다, 가능하면 느낀다, 누군가와 연결된다, 내발적인 목표를 설정한다

학습뿐만 아니라 사람의 동기 부여를 생각할 때 참고가 되는 이론적 아우트라인의 하나로 **'자기 결정 이론**(Self-determination theory)'이 있습니다.[96]

왠지 어려워 보이는 용어가 나와서 '이제 됐어. 그만 읽어야겠다.'라고 생각하는 사람도 있을지 모르지만, 정말로 쉽게 설명해보려고 합니다. 이 이론을 알면 학습뿐만 아니라 업무 등에서도 자신이나 타인의 동기 부여에 대해 좀 더 깊이 이해할 수 있게 될지도 모릅니다(라고, 여기서 자기 참조 효과를 노려보았습니다).

이러한 학문적인 이론은 우리의 복잡한 사회를 이해하는 데 새로운 시점을 제공해줄 때가 있고, 공부의 묘미이기도 하다고 생각합니다.

우선 한마디로 동기 부여라고 해도 심리학적으로는 크게 둘로 나뉘는 것은 유명합니다.

내발적 동기 부여(Intrinsic motivation)는 자신이 무언가를 하는 이유가 그 행동 자체에서 즐거움이나 흥미를 찾는 상태를 가리킵니다. '좋아서 한다.' '즐거우니까 한다.'와 같은 활동 자체가 목적이 되는 경우는 내발적 동기 부여에 의한 것입니다.

예를 들면 어린아이가 놀 때나 좋아하는 책을 그냥 즐기기 위해서 읽을 때, 단지 알고 싶어서 어떤 공부를 할 때 등을 들 수 있습니다.

한편, **외발적 동기 부여**(Extrinsic motivation)는, 외부로부터의 상이나 벌에 반응하여 생기는 동기 부여로, 행동의 목적이 활동 자체의 외부에 있는 경우를 가리킵니다.

'내가 그냥 하고 싶으니까.'가 아니라 부모님께 야단맞지 않기 위해 숙제를 하는 경우나 월급을 받기 위해 일하는 경우, 자격증을 취득하기 위해 공부하는 경우 등은 외발적 동기 부여에 의한 행동이라고 할 수 있습니다.

다만, 외발적 동기 부여에 의해 행동하는 것도 부모님께 야단맞지 않기 위해 공부하는 경우와 장래 어려운 사람을 돕는 변호사가 되고 싶어서 자발적으로 공부하는 경우는 큰 차이가 있습니다.

자기 결정 이론에서는 이 외발적 동기 부여를 주로 자율성이나 자기 결정의 정도에 따라 몇 가지 단계로 나눕니다.

즉, '내발적 동기 부여=좋다, 외발적 동기 부여=나쁘다'라는 단순한 분류법이 아니라, 외발적 동기 부여 중에서도 자발성이 높은 것은 내발적 동기 부여와 가깝다고 생각합니다.

그리고 자기 결정 이론에서는 인간에겐 다음과 같은 세 가지 심리적 욕구가 있고, 이것들이 충족됨으로써 내발적인 동기 부여가 추진된다고 생각합니다.

- **자율성**(Autonomy): 타인에게 강제되거나 압력을 느끼지 않고 자신의 행동을 스스로 선택하고 결정하는 것. 자기 결정 이론의 핵심이라 할 수 있습니다.
- **유능감**(Competence): 자신이 무언가를 잘할 수 있다는 실감이나 특정한 과제나 도전을 성공시키는 능력.
- **관계성**(Relatedness): 타인과의 유대나 귀속의식을 갖는 것.

자기 결정 이론은 일이나 교육, 건강, 스포츠 등 다양한 영역에서 적용할 수 있다고 여겨지고 있습니다.[96~98]

교육현장에서는 교사가 학생의 자율성·자발성을 지원하거나, 학생에게 선택지를 줌으로써 내발적인 동기 부여가 높아진다는 연구 보고

자기 결정 이론으로 설명할 수 있는 게임의 동기 부여

가 있습니다.[99~101]

이 세 가지 욕구가 왜 동기 부여와 관련이 있는지 선뜻 이해가 되지 않는 사람은 개인적으로 말씀드리면 왜 사람이 게임에 몰두하는지를 생각하면 이해하기 쉬울 것이라 생각합니다.

저도 어렸을 때는 '파이널 판타지'와 '드래곤 퀘스트' 같은 롤플레잉 게임이나 '젤다의 전설' 등을 매우 높은 동기 부여를 갖고 몇 시간이나 푹 빠져서 했습니다. 최근에는 다수의 플레이어가 온라인으로 연결된 게임도 늘었고, 전 세계적으로도 게임 인구는 늘어나고 있습니다.

우선 게임을 한다는 것은 대개 누군가에게 강제되는 것이 아니라 자신이 하고 싶어서 한다는 자발적인 행위입니다. 게임 중에는 다양한 선택지가 마련되어 있고, 자신이 행동을 결정할 수 있으므로 자율성의 욕구가 충족됩니다. 또 적을 쓰러뜨리는 성취감이나 레벨이 올라가는 것에 의해 성장해가는 느낌을 받는 등 유능성의 욕구가 충족됩니다. 그리고 게임 중인 동료(온라인에서는 실제로 타인)와 연결되어 있다는 관계성도 느낄 수 있습니다.

게임은 어쨌든 나쁜 측면이 주목되는데, 자기 결정 이론의 관점에서 게임에 대한 동기 부여를 고찰하는 재미있는 논문도 있습니다.[102]

자신이나 타인의 동기 부여에 관해 생각할 때 '이것은 스스로 결정한 것인가?' '유능감을 느낄 수 있는가?' '타인이나 사회와의 관계는 어떤가?'라는 관점에서 평가해보면 동기 부여가 왜 높은(혹은 낮은)지 깨달을 때가 있을지도 모릅니다.

▶▶ '내발적인 목표'가 학습 효과를 높인다

그리고 자기 결정 이론에서는 목표 설정에 관해 **'외발적인 목표**(Extrinsic goal)'와 **'내발적인 목표**(Intrinsic goal)' 두 종류가 있다고 합니다. 외발적인 목표는 돈, 사회적 지위, 평가 등 타인으로부터의 평가나 물질적인 것을 획득하는 것입니다.

한편, 내발적인 목표란 외부로부터의 보수나 인정을 목표로 하는 것이 아니라 지식을 쌓거나 새로운 기술을 익힌다는 자신의 성장, 지역·사회에의 공헌, 건강 유지, 깊은 인간관계의 구축 등, 개인의 가치관이나 관심에 근거하여 설정하는 목표입니다.

학습에서의 동기 부여나 학습 성과를 높이기 위해서는 외발적인 목표를 목표로 하는 것이 아니라 내발적인 목표를 설정하는 것이 낫다는 보고가 있습니다.[103, 104] 또 내발적인 목표는 자율성, 유능감, 관계성의 욕구를 충족시켜주고 웰빙(신체적, 정신적, 사회적으로 양호한 상태)으로도 이어집니다.[96]

✔ 자기 참조 효과란 무엇입니까?

✔ 학업적 자기 개념이란 무엇입니까?

✔ 자기 효능감이란 무엇입니까?

✔ 자기 효능감을 높이기 위해서 할 수 있는, 이 책에 소개된 방법은 무엇입니까?

✔ 자기 결정 이론에서의 인간이 갖는 세 가지 심리적 욕구는 무엇입니까?

✔ 세 가지 심리적 욕구의 관점에서 자신에게 동기 부여가 있는 것(또는 없는 것)을 평가해보세요.

✔ 내발적인 목표란 무엇입니까? 외발적인 목표와 어떻게 다릅니까?

✔ 분산 효과란 무엇입니까?

공부의 힌트

지금까지 여러 논문을 소개하면서 과학적으로 효과가 큰 공부법이나 동기 부여에 관해 설명했습니다. 이번 섹션에서는 지금까지의 섹션과는 어울리지 않는 제가 개인적으로 해온 것이나 중요하다고 생각하는 것, 또는 공부의 힌트가 될 만한 것에 관해 쓰려고 합니다. 그중에는 반드시 과학적으로 검증된 것이 아닌 것도 있지만, 참고가 되는 것도 있을지 모릅니다.

▶▶ 입력은 장소를 바꿔본다

일본에서 종일 공부하던 시기에 저는 공부 장소를 몇 시간마다 바꾸곤 했습니다.

예를 들어 아침에 일어나 집에서 몇 시간 공부하고 나서 도서관까지 걸어가서 거기서 다시 공부하고, 그 후 집 근처의 '미스터 도넛'이나 '탈리스 커피'에서 공부하고, 집에 돌아와서 다시 공부한다는 식이었습니다(제가 공부할 수 있도록 말없이 지지해준 카페에 감사를 전합니다).

당시엔 같은 장소에서 공부하면 왠지 모르게 지겨워지기도 했고, 카페에서는 너무 오래 있으면 미안한 마음이 들어서 자리를 옮겨가며 공부했는데 나중에 생각해보니 이렇게 공부 장소를 바꾸는 것이 나름대로 의미가 있지 않았을까 하고 생각하게 되었습니다.

우선 집중력이 끊겼을 때 걷는 것으로 기분 전환을 하고 다시 집중한다는 사이클이 만들어진 것, 걷는 것을 운동으로 연결한 것(이것에 대해서는 '운동의 중요성' 섹션에서 설명합니다), 그리고 여러 가지 '환경적 맥락(Environmental context)'으로 정보를 입력할 수 있었기 때문입니다.

기억이 형성된 환경이나 상태가 훗날 그 기억을 떠올릴 때 영향을 주는 것은 **기억의 맥락 효과**(Context effect)로 알려져 있습니다.

예를 들어 어떤 정보를 기억한 장소와 생각해내는 장소가 같을 때가 기억한 내용을 좀 더 쉽게 생각해낼 수 있다는 현상이 있습니다.[105] 학교 교실에서 무언가를 기억하고 그 내용에 관한 시험을 치를 때, 그 교실에서 시험을 치르면 다른 장소에서 시험을 치르는 것보다도 정보를 쉽게 생각해낼 수 있게 됩니다.

무언가를 기억할 때 사람은 자기도 모르는 사이에 환경 정보도 함께 기억하고, 그런 환경 정보가 기억한 것을 생각해내기 위한 실마리가 된다고 여겨지고 있습니다.

이 효과를 이용하면 시험장에서 공부하는 게 효과적이라는 말이 되는데, 대부분의 경우 그렇게는 할 수 없습니다.

흥미롭게도 생각해내는 장소가 기억한 장소와 다른 경우 복수의 다른 장소에서 정보를 입력한 쪽이 쉽게 생각해내는 것을 시사하는 연구가 있습니다.[105, 106]

연구

예를 들면 미시간 대학교의 학생을 대상으로 한 연구에서는 학생을 두 그룹으로 나누고 40개의 영어 명사를 외우게 했습니다.[106]

- A그룹: 같은 방에서 두 번 외운다
- B그룹: 두 개의 다른 분위기의 방에서 외운다

3시간 후에 이번엔 다시 다른 방으로 들여보내고 명사를 얼마나 외웠는지 불시에 시험을 치렀더니, A그룹이 평균 15.9개밖에 생각해내지 못한 것에 비해 B그룹은 평균 24.4개나 생각해냈습니다.

다른 사람이 있는 곳에서는 잘 집중할 수 없다는 사람은 무리하게 장소를 바꿀 필요가 없다고 생각하지만, 기억이 맥락(기억했을 때의 환경이나 감정 등)에 의존하는 경우가 있는 것을 알아두면 어떤 일에 참고가 될지도 모르기에 소개해보았습니다.

또 이런 맥락 효과를 기대한다면 예를 들어 공부하는 환경을 실제 시험장과 비슷하게 해보는 것이나, 실제 시험장을 사실적으로 상상하면서 공부하는 것이 의미가 있을지도 모릅니다.

▶▶ 틈새 시간은 훌륭한 공부 시간

정해진 시간, 자기 책상에서 공부하고 싶다, 그렇게 생각하는 사람이 많을 것이라 생각합니다.

그러나 출퇴근·등하교와 같은 이동 시간, 휴식 시간, 화장실에 앉아 있는 시간, 누군가를 기다리는 시간, 가사나 육아의 틈새 시간 등은 액티브 리콜이나 분산 학습을 하기에 좋은 공부 시간입니다.

틈새 시간이 가령 하루에 1시간이 있다고 한다면 평일만 계산해도 1년에 240시간 이상이 됩니다. 같은 범위를 1시간 내내 공부하는 것보다도 30분 2회로 분산해서 공부하는 것이 효과적이라는 것은 분산 학습 섹션에서 설명했습니다.

이 시간을 아무 생각 없이 SNS를 보며 보내는지, 배움에 활용하는지에 따라 큰 차이가 생기는 것은 분명합니다.

저는 일본에 있었을 때 언제나 틈새 시간에 공부나 독서를 할 수 있도록 항상 복수의 책이나 교과서를 가지고 다녔습니다(여러 권을 가지고 다니면 기분에 따라 고를 수 있습니다. 이 말을 하고 나니 언젠가 교재를 한 권만 가지고 나가서 그때 가지고 있던 독일어 사전을 전철에서 진지하게 읽고 있는 모습을 선배가 보고 쓴웃음을 지었던 것이 생각났습니다).

전철 안에서도 공부할 수 있다

전철에서 공부하는 것이 습관화되자 혼자 전철을 타는 것이 공부 개시의 신호(Cue)가 된 듯했습니다.

제가 예전에 등하교 때 타던 도큐 도요코선(東急東橫線)은 출퇴근 시간대엔 두 다리가 뜰 정도로 빼곡하고 열기가 후끈한 만원 전철이었는데, 가령 그와 같은 책을 펼 수 없는 상황에서도 어제 외운 것을 머릿속에서 생각해낸다(액티브 리콜)는 효과적인 공부를 할 수 있습니다. 생각해낼 수 없었던 부분은 전철에서 내린 후에 확인하고 피드백합니다. 미국의 의사국가시험을 공부하던 때는 화장실에 약리학 플래시 카드 등 단시간에도 공부할 수 있는 교재를 항상 놔두었습니다.

지금도 아이가 공부하는 것을 기다리는 시간 등의 틈새 시간을 가능한 한 공부나 업무 시간으로 활용하고 있습니다(이 책의 자료 조사나 집필 작업도 많은 틈새 시간을 활용했습니다).

중국의 고전 《회남자(淮南子)》에는 "배움에 겨를이 없다 말하는 자, 비록 겨를이 생겨도 배울 수 없다(배우는 데 시간이 없다고 하는 자는 시간이 있어도 배우지 않는다)."라는 말이 있습니다. 시간이 없는 것을 배우지 않는 변명거리로 삼아서는 안 된다고 생각하게 하는 말입니다.

일이나 가사·육아로 바빠서 '공부할 시간이 없다.'고 느끼는 사람이 많으리라 생각합니다. 자신이나 생활을 바꾸기 위해 공부하고 싶다면 하루 중에 어떤 틈새 시간이 얼마나 있는지를 파악해서 약간의 시간이라도 공부에 활용할 수 없는지 생각해보는 것이 중요하다고 봅니다.

▶▶ 공부하지 않으면 후회할 때도 있다

사람은 무엇에 후회하는지에 대해 미국에서 조사한 결과를 모아 분석한 〈우리가 가장 후회하는 것…… 그리고 그 이유(What We Regret Most…and Why)〉라는 제목의 논문이 있습니다.[107]

이 연구에 따르면 가장 많은 사람(32.2%)이 후회하는 것은 교육·공부에 관해서였습니다(2위는 커리어, 3위가 연애, 4위는 육아).

'좀 더 공부해둘 걸 그랬어.' '다른 분야를 공부했으면 좋았을 텐데.' '대학에 갔으면 좋았을 텐데.' 등, 이런 공부·교육에 관한 것으로 많은 사람이 후회한다고 합니다.

왜 사람은 공부에 관해 후회하는 것이 많을까요?

> **QUESTION**
> 내발적인 목표란 무엇입니까?

이 논문의 저자인 심리학자 닐 로즈 등은 '기회(Opportunity)'에 초점을 맞춰 고찰했습니다.

사람은 기회가 없어서 할 수 없었던 것보다도 기회가 주어져서 '스스로 하겠다고 마음먹으면 할 수 있었는데, 하지 않은 것'에 후회하는 것이라고 말합니다.

현대 사회에서는 배울 기회가 많이 주어집니다. 사회인의 리커런트 교육(사회인이 학교로 되돌아가서 받는 교육), 다양한 분야에서 이루어지는 온라인 교육(예를 들어 하버드, 스탠퍼드, MIT 등 명문 대학교의 수업도 일부 무료로 받을 수 있게 되었습니다), 어학 교육, 온라인이나 오프라인 서점에서 구매한 책, YouTube 동영상 등의 온라인 콘텐츠……. 많은 지식이 배우려고만 하면 얼마든지 배울 수 있는 시대가 되었습니다.

저도 YouTube에 동영상을 올릴 생각으로 동영상 편집 방법을

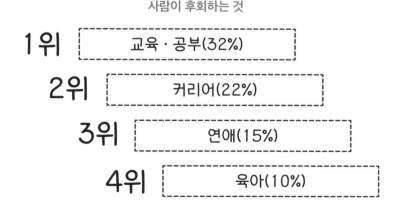

사람이 후회하는 것

1위 교육 · 공부(32%)

2위 커리어(22%)

3위 연애(15%)

4위 육아(10%)

YouTube 동영상으로 배워서 매우 간단한 편집(컷이나 텔롭 삽입 등)은 하루 만에 할 수 있게 되었습니다.

게다가 로즈 등은 공부하는 것·교육을 받는 것이 보람 있는 커리어나 좀 더 높은 수입 등, 자신의 인생을 변화시키는 것으로 이어진다는 것을 많은 사람이 인식하고 있는 것도 하나의 이유라고 말합니다.

'좀 더 공부했으면 인생이 달라졌을지도 몰라.'

그렇게 느끼는 사람이 많을지도 모릅니다.

'언젠가 안정되면.'

'지금은 바쁘니까.'

'좀 더 생각해보고 나서.'

……무언가를 시작하지 않을 이유는 얼마든지 찾을 수 있습니다.

그러나 만약 무언가를 배우고 싶다면 후회하지 않기 위해서라도 과감히 시작해볼 것을 권합니다.

▶▶ 호기심이 있을 때는 그냥 돌진한다

아인슈타인은 이렇게 말했습니다.

"I have no special talent. I am only passionately curious."

(나에겐 특별한 재능이 없다. 다만, 열정적인 호기심이 있을 뿐이다.)

또 1965년에 노벨 물리학상을 수상한 리처드 파인만은 아래와 같이 말했습니다.

"I don't see that it makes any point that someone in the Swedish Academy decides that this work is noble enough to receive a prize. I've already got the prize. The prize is the pleasure of finding things out."

(스웨덴 왕립과학원의 누군가가 이 작업이 노벨상을 받을 만큼 고귀하다고 판단하는 것은 아무 의미가 없다고 봅니다. 저는 이미 상을 받았습니다. 그 상이란 그것을 밝혀냈을 때 느끼는 희열입니다.)

만약 인간의 뇌에 호기심이라는 메커니즘이 갖춰져 있지 않았다면 인간은 지금과 같은 기술적·문화적으로 진보한 사회를 만들 수 없었을 것입니다. 지적 호기심(영어로는 Epistemic curiosity, 여기서의 Epistemic은 지식·인식에 관한, 이라는 의미)은 새로운 지식을 얻고 싶다는 본능적인 욕구입니다.

뇌과학에 의하면 우리가 새로운 정보에 접촉해서 호기심이 생기면 뇌의 보수계라 불리는 부분이 활성화하여 도파민이 분비되는 것이 밝혀졌습니다.

이 도파민의 분비는 새로운 지식의 탐구를 촉진할 뿐만 아니라 집중력을 높이고, 새로운 정보의 수용(기명(記銘)이나 부호화. 영어로는 Encoding)과 장기 기억에의 보존(고정화, 영어로는 Consolidation)에도 이

바지합니다.[108]

즉 호기심이 있을 때는, 굳이 '슈퍼 마리오' 게임을 예로 들면, 별을 획득한 후의 무적 상태처럼 학습에는 매우 유리한 상태라 할 수 있습니다.

호기심이 작동하고 있을 때는 집중력도 높고, 의욕도 생기고, 기억하기는 쉬운데 쉽게 잊히지는 않습니다. 아이의 호기심이 왕성할 때가 많은 것은 뇌가 세상과 인간 사회에 관해 가능한 한 빨리 알려고 하기 때문이지 아닐까 싶습니다.[109]

아인슈타인에게 결정적인 지적 자극을 준 것은 아인슈타인의 집으로 1주일에 한 번 식사하러 오는 맥스 탈무드(탈메이로 개명)라는 가난한 21세의 의대생이었다고 합니다.[110] 이 의대생이 당시 10세인 아인슈타인에게 처음에는 수학과 물리 책을 가지고 와서 가르쳐준 적도 있습니다.

그중에서도 그가 가지고 온 자연과학 시리즈 책은 아인슈타인 본인도 "그건 내 성장 전체에 큰 영향을 미쳤다."라고 말할 정도로 임팩트가 있었던 것 같습니다.

학교 수업과 상관없이 아인슈타인의 호기심을 채워주기 위해 과학에 관해 가르쳐주는 탈무드의 존재는 중요했을 것이라고 충분히 상상할 수 있습니다.

무언가 새로운 정보를 접하고 호기심이 싹텄다면 그것이 조금 샛길로 벗어난 것이라도 시간이 허락하는 한 그 뇌의 욕구에 따라야 합니다.

저도 무언가를 공부하다 호기심이 솟으면 가급적 그것에 따르려고 합니다. 기억할 수 있어서라기보다 그냥 단순히 배우는 것이 너무나 즐겁게 느껴지기 때문입니다.

호기심에 이끌리는 대로 공부한 결과, 내가 얻은 것은?

제가 호기심에 이끌려 공부하게 된 예를 하나 들어보겠습니다.

미국에서 살면 주위의 동료나 친구에게 일본인으로 보여 일본에 관한 질문을 종종 받습니다. 그런 이유도 있고 해서 저는 미국에서 살게 된 뒤로 일본에 관해 좀 더 알고 싶어졌습니다.

수년 전, 일본의 역사를 다시 공부하려고 참고서를 읽었습니다. 그리고 나라(奈良) 시대의 장까지 왔을 때, 현존하는 최고(最古)의 문헌이 《고사기(古事記)》라는 설명을 읽고 《고사기》를 원문으로 읽은 적이 한 번도 없었다는 것을 깨달았습니다. 그런 중요한 자료를 해외에 사는 일본인으로서 읽지 않은 것은 바람직하지 않다고 생각하고 이와나미 문고에서 출간한 《고사기》와 현대어 역을 일본에서 보내 달라고 하여 읽기 시작했습니다.

의사로서 읽으니 《고사기》의 일본 신화에는 대단히 흥미로운 묘사가 많아서 호기심이 점점 자극되었습니다.

예를 들어 이자나미라는 일본을 창조한 신이 불의 신을 낳은 뒤에 음부에 화상을 입고 병에 걸려 구토와 설사를 하다 죽었다는 묘사가 있습니다. 음부가 탔다는 것은 염증이 생긴 것으로 여겨지고, 그 후에 구토와 설사 등의 소화기계 증상이 생겼다는 묘사는 의학적으론 산욕열(産褥熱)을 앓은 것으로 보입니다.[111] 특히 산욕열을 일으키는 A군 베타 용혈성 연쇄상구균에 의한 중증 감염증에서는 소화기계 증상이 종종 일어납니다.[112]

또 저승에서 이자나기가 기다리지 못하고 이자나미를 보았더니 구더기가 들끓고 있었다는 묘사가 있습니다. 왜 이런 묘사가 있는지, 이자나기는 어느 정도의 시간을 '기다리지 못한다.'고 느꼈는지, 호기심이 생겼습니다.

옛날에는 사망을 진단하는 방법이 아직 확립되지 않은 탓에 사체의 부패 정도나 구더기가 생기는 것이 사망 진단에 유용하게 활용되었습니다. 《겐지 이야기(源氏物語)》에서는 아오이노우에가 죽은 후 정말로 죽었는지 확인하기 위해 2, 3일 기다려보았지만, 점점 변화되어가는 모습에 포기했다는 묘사가 있습니다. 일본에서 죽음을 판정하는 데 진맥이 사용되기 시작한 것은 문헌상으로는 가마쿠라 시대(1185~1333) 후기라고 합니다.[113] 한편, 인류 최고(最古)의 문학 작품 중 하나인 〈길가메시 서사시〉에서는 엔키두가 죽었을 때 "그의 심장을 만져보았으나 뛰지 않았다."라는 기술이 있는 것으로 보아 메소포타미아의 의학이 얼마나 발전했는지 엿볼 수 있습니다.

또 요즘에도 실외에서 사람이 죽었을 때 사망 시기 추정에 구더기를 이용하는 경우가 있습니다. 법의곤충학에 따르면 많은 구더기가 나오는 것은 온도나 장소에 따라 다르기도 하지만, 2일에서 7일간 정도라고 합니다. 며칠을 기다리지 못한다고 느끼는 옛날 일본인의 시간에 대한 감각이라는 것도 어렴풋하지만 엿볼 수 있습니다.

지극히 일부의 예만 들었는데, 계속 쓴다면 이 책이 공부법 책이 아니라 일본 신화를 고찰하는 책이 되어버리기에 그만 쓰겠습니다. 어쨌든 일본 신화에 계속 호기심을 가져온 저는 이왕에 할 거라면 의학적인 관점에서 일본 신화를 고찰하고 새로운 해석을 가미해보고 싶었습니다.

일본 신화는 역사학, 언어학, 문학, 비교신화학 등 다양한 각도에서 연구가 진행되고 있는데, 의학적 관점에서 포괄적으로 평가한 논문은 매우 적다고 생각했기 때문입니다.

그래서 저는 《고사기》나 일본 신화의 연구자가 일반인용으로 쓴 서적, 《고사기》의 연구자가 쓴 전문서, 학술 논문 등을 읽고 휴일의 많은 시간을 할애하여 〈《고사기》 신화 – 의학적 관점에서〉라는 저의 임상의로서의 커리어에는 전혀 도움이 되지 않고, 일본에서 가장 독자가 적을 것으로 예상되는 논문을 쓸 수 있었습니다.[114]

내가 대체 그 많은 시간을 들여가며 무엇을 한 걸까, 라는 생각이 들기도 합니다.

《고사기》의 지식을 습득함으로써 외국인들에게 일본을 좀 더 깊게 알릴 수 있게 된 것 등 그 나름의 이유를 일단 들 수 있지만, 제가 얻은 것 중 가장 중요한 것은 호기심에 의한 도파민의 분출, 무언가를 안다는 것과 생각한다는 것의 희열입니다.

호기심이 솟고, 집중력도 높고, 의욕도 생기고, 기억하기 쉽고, 잊기 어려운 상태가 되었다면 몰두해본다. 그러면 학습 효과가 클 뿐만 아니라 공부 자체를 즐겁다고 느낍니다.

'배우는 것이 즐겁다.'

그렇게 생각했다면 다시 공부하고 싶어질 것입니다.

가정, 교육기관, 그리고 사회 전체에서 지적 호기심이 싹텄을 때 그것을 추구할 수 있는 환경을 갖추는 것은 중요합니다. '시험을 위해서' 그리고 '커리어를 위해서' 하는 공부뿐만 아니라 '그냥 즐거운' 호기심 때문에 공부할 수 있는 사람이 늘어난다면 사회는 좀 더 다양하고 깊은 지식을 축적할 수 있지 않을까요?

▶▶ 교재는 쉬운 것에서 어려운 것으로

저는 어떤 영역을 새롭게 공부할 때는 우선 너무 쉽지 않고, 너무 어렵지 않은 교재부터 시작하려고 합니다.

여기에는 크게 두 가지 의도가 있습니다.

첫째는 공부나 과제에서도 'Optimal challenge(최적의 난이도)'가 사람의 흥미나 동기 부여를 높이기 때문입니다.[115] 너무 어려우면 '나는 도저히 이해가 안 돼.'라고 느끼고 자기 효능감이나 유능감이 느껴지지 않아서 좌절하고 맙니다. 그런 점에서 비교적 쉬운 교재로 공부하면 하나의 작은 목표를 달성할 수 있으므로 그 후의 학습에 대한 동기 부여로 이어집니다.

둘째는 그 영역의 전체상을 가능한 한 빨리 파악함과 동시에 그 영역에 관한 지식의 토대를 만들 수 있기 때문입니다. 어느 정도의 범위인지, 어떤 테마와 항목으로 나뉘어 있는지, 그리고 에센스(가장 중요한 것)는 무엇인지를 쉽게 알 수 있는 입문서는 전체상의 파악과 지식의 토대를 만들기에 안성맞춤입니다.

분야를 가리지 않고 모든 장르의 책이 입문서부터 좀 더 전문적인 책까지 고루 갖춰져 있는 서점은 지식의 보고와도 같습니다. 초등학교부터 고등학교까지의 교과에 포함되는 것이면 이해하기 쉽고 양질의 교과서와 참고서가 수없이 많습니다. 학교 공부를 다시 해보고 싶은 사람은 학습 만화 시리즈나 초등학생·중학생용 참고서부터 시작해보는 것도 좋을 것입니다.

입문서 수준의 교재부터 공부하기 시작해서 난이도가 높은 책(예를 들면 전문가가 쓴 2차 자료)이나 논문 등의 1차 자료로 단계를 높여갑니다.

또 자격시험으로 한정해서 이야기하면 많은 합격자가 사용해서 평가가 좋은 참고서와 문제집을 축으로 공부하는 것이 시험에 떨어질 위험성을 낮춰줍니다.

　자신이 흥미를 느낀 분야를 공부하는 경우 개인이 쓴 책은 정보나 견해가 치우칠 수 있으므로 주의가 필요합니다.

　예를 들어 소위 '건강 서적' 중에는 어느 정도 인기가 있고 독자로부터의 평가가 좋은 책도, 의사의 시선으로 보면 부정확하고 한쪽으로 치우친 정보가 수록된 것이 수없이 많습니다.

　타인이 쓴 책의 정보는 전문적 지식이 없으면 옳고 그름을 판단하기 어려운 경우도 있으므로 다른 전문가들이 쓴 책을 폭넓게 읽거나 공적 기관이 발표한 정보나 논문 등의 1차 정보 등을 참조할 필요가 있습니다.

▶▶ 정보를 얻기 위해 중요한 영어 능력

　학교 기말시험이나 자격시험 공부 등 특정한 분야를 제외하면 최신 정보나 좀 더 정확하고 전문성이 높은 정보를 얻기 위해서는 영어 능력이 필수입니다. 특히 자연과학이나 과학기술에 관해서는 논문의 90% 이상이 영어로 쓰여 있으므로 1차 정보를 검색하고 독해하기 위한 고도의 영어 능력이 요구됩니다.

　게다가 최근에는 중요한 정보가 음성이나 동영상으로 인터넷에서 비교적 간단히 입수할 수 있기에 영어 듣기 능력이 있으면 정보원의 폭이 큰 폭으로 넓어집니다.

비즈니스맨에게도 세계정세나 외국 기업에 관한 영어 정보를 이해할 수 있느냐 없느냐가 큰 차이를 낳게 될 것입니다.

자연과학 이외의 영역을 공부할 때도 영어는 중요합니다.

개인적인 예를 들어봅니다. 미국에 사는 일본인으로서 저는 전후(戰後) 미·일 관계를 공부한 적이 있는데, 일본의 전후 사정에 관해 알기 위해서 일본보다 공문서의 관리와 공개가 확실한 미국의 국립공문도서관에서 얻을 수 있는 영어로 된 1차 자료가 많은 참고가 되었습니다.

인터넷이나 논문을 찾아도 손에 넣을 수 없었던 일본과 관련된 중요한 1차 자료에 관해 미국의 연구자에게 메일을 보내 자료를 받은 적도 있었습니다.

헌법에 관해 조사했을 때도 일본어 서적뿐만 아니라 GHQ가 작성한 〈Political reorientation of Japan(일본 정치의 재편성)〉과 같은 영어 자료가 생각을 깊게 하는 데 도움이 되었습니다.

DeepL, 브라우저의 확장 기능이나 ChatGPT 등, 편리한 번역 툴도 발달해왔지만, 역시 지금 시점에선 정밀도에 한계가 있고, 약간의 수고도 듭니다. 1차 정보를 검색해서 취사 선택하여 읽고 이해하려면 역시 스스로 읽는 것이 가장 좋습니다.

여기서 영어 공부법에 관해서는 다루지 않겠지만, 시중에 나와 있는 각종 영어 단어 책의 영어 단어를 이 책에 수록한 공부법을 활용해 효율적으로 외우거나, 자신의 레벨에 맞는 영어책이나 기사를 어쨌든 간에 읽는 것이 영어 공부의 지름길이라고 생각합니다.

▶▶ 파인만 테크닉에 관해

배우고 싶은 것에 관한 이해를 깊게 하는 공부법 중 하나로 파인만 테크닉이 있습니다. 액티브 리콜이나 분산 학습처럼 과학적으로 확실하게 검증된 공부법은 아니지만, 미국에서는 유명한 공부법이므로 여기서 소개합니다.

파인만은 앞에서 말한 바와 같이 물리학으로 노벨상을 받은 인물로 그는 난해하고 복잡한 것을 이해하기 쉽고, 즐겁게 설명하는 훌륭한 교사였던 것으로도 유명합니다. 빌 게이츠는 파인만을 "The best teacher I never had(내가 직접 배울 수 없었던 최고의 선생님)."이라고 칭송했습니다.

파인만이 일상의 사소한 것들을 과학적인 시점에서 즐겁게 이야기하는 동영상은 YouTube에서도 볼 수 있는데, 제가 좋아하는 콘텐츠 중 하나입니다.

인터넷에는 파인만 테크닉의 여러 가지 버전이 소개되어 있는데, 제가 아는 한 파인만이 직접 나서서 구체적으로 설명한 공부법이 아니라 파인만에 관한 글을 읽고 스콧 영이라는 사람이 2011년경에 만들어낸 공부법입니다.[116]

파인만은 노트에 '내가 모르는 것에 관한 노트(Notebook of things I don't know)'라고 쓰고 그 노트에 몇 주에 걸쳐 물리학의 각 분야에 관해 검증하고 본질적인 핵심을 밝혀내려고 했다는 것이 그의 전기에 쓰여 있습니다.[117]

파인만 테크닉의 방법은 아래와 같습니다.

① 종이의 맨 위에 이해하고 싶은 개념이나 (숫자나 물리 등의) 문제를 쓴다
② 그 아래 여백을 사용해 그 개념이나 문제를 다른 사람에게 가르쳐주듯이 설명해본다
③ 자신이 명확한 답을 쓸 수 있을 정도로 이해하지 못했을 때는 원래 교재로 돌아가 답을 찾는다[116]

이 파인만 테크닉은 액티브 리콜, 제자 효과, 피드백이라는 점에서 제가 해온 '누군가를 가르치듯이 중얼거리면서 백지에 적는 공부법'과 공통점이 있다고 생각합니다.

▶▶ 스마트폰은 손이 닿지 않는 곳에·나쁜 습관을 끊어낸다

공부해야 하는데 스마트폰을 집어 들고 SNS를 바라보고 있으면 순식간에 시간이 흘러갑니다. 이런 경험은 이 책을 읽고 계신 여러분에게도 있을지 모릅니다.

스마트폰은 무척 편리한 도구이지만, 시간을 빼앗을 뿐만 아니라 공부의 성과에도 큰 영향을 줍니다.

연구

한 연구에서는 대학생에게 두 가지 조건에서 6분간 공부하게 하고, 그 후에 내용에 관한 퀴즈를 풀게 했습니다.[118]

하나는 스마트폰으로 누군가와 문자 메시지를 주고받으면서 공부하는 그룹
다른 하나는 스마트폰을 시야 밖에 두고 공부하는 그룹

문자 메시지를 주고받으면서 공부한 경우, 퀴즈의 점수가 27% 나빠졌다는 결과였습니다.

스마트폰은 있는 것만으로도 집중력을 빼앗는다

또 스마트폰은 사용하지 않아도 책상 위나 주머니·가방 속에 있는 것만으로도 뇌 활동에 영향을 준다는 보고도 있습니다.

520명의 대학생을 대상으로 한 연구에서는 스마트폰을 책상 위에 놔둔 그룹, 주머니·가방에 넣은 그룹, 다른 방에 놔둔 그룹으로 나눠 워킹 메모리(정보를 단기간 보유하고 처리하는 능력)와 유동성 지능(새로운 문제를 이해하고 해결하는 능력)이라 불리는 인지 기능을 측정하는 테스트를 시행했습니다.[119]

그 결과 스마트폰을 다른 방에 놔둔 학생들 쪽이 명백하게 좋은 결과를 얻을 수 있었습니다. 스마트폰은 사용하지 않아도 자기 근처에 있는 것만으로도 의식이 되어 인지 기능에 영향을 주는 것을 시사합니다.

공부에 집중하고 싶을 때는 스마트폰을 다른 방에 놔두는 것이 좋은 방법입니다.

저도 집중할 때는 스마트폰의 알림을 끄고 보이지 않는 곳에 놔둡니다. 다만 병원에서 중요한 연락이나 아이의 학교에서 긴급한 연락이 올지도 모르기에 전화벨 소리가 들리는 범위 안에는 놔두려고 했습니다. 현재는 '스마트워치'를 사용하고 있어서 전화가 오면 워치에서 알림이 오도록 설정해놓았습니다.

공부 중에는 스마트폰을 사용하지 않는다는 것이 말은 쉬워도 자기도 모르게 SNS가 습관이 되어버려서 좀처럼 끊을 수 없다는 사람도 있을지 모릅니다.

SNS를 제공하는 업체는 사람의 심리를 숙지하고 있고, 당신이 플랫폼에서 가능한 한 오래 머무르도록 설계해놓았습니다.

'그래! 공부하자, 공부! 스마트폰은 절대 만지지 않을 거야!'라고 마음속에서 아무리 소리쳐봐야 서글프게도 인간의 의지라는 것은 습관에는 이기지 못하는 경우가 다반사고, 몇 분 후에 깨닫고 보면 스마트폰을 만지작거리고 있는 자신을 발견할 때도 있습니다.

습관이란 특정한 계기나 신호(Cue)에 대해 어떤 반응·행동(Habitual response)이 자동으로 나타나는 상태입니다.[120] 따라서 우리는 SNS를 여는 것이 습관이 되었는데도 그것을 깨닫지 못할 때가 있습니다.

SNS의 경우 이러한 계기와 반응이 꼬리를 물고 계속 반복된다고 여겨지고 있습니다.[121]

예를 들어 공부하기 전에 '좀 귀찮네.' '재미없어.'라는 기분이 계기가 되어 스마트폰을 든다(반응). 스마트폰의 화면에 늘 사용하는 앱의 로고가 보인다(계기) → 그 앱을 연다(반응). 알림이 와 있다(계기) → 알림을 연다(반응). 그리고 알림을 열면 자신의 게시글에 '좋아요'가 눌러져 있으면 보상(Reward)을 받을 수 있다.

이러한 '계기→반응→보상'의 고리가 반복되면 습관이 강화됩니다.

자신이 어떤 장면에서 무의식적으로 스마트폰을 손에 드는지, 자신의 계기와 반응에 관해 고찰하는 것이 중요합니다.

나쁜 습관은 계기를 없애자

나쁜 습관을 끊기 위해 효과적인 방법 중 하나로 **'계기를 없앤다'**는 것이 있습니다. 즉, 알림을 끈다, 앱을 홈 화면에 표시되지 않게 한다(또는 앱을 삭제), 스마트폰을 다른 방에 놔둔다, 등입니다.

또 스마트폰의 화면을 보기 어렵게 만든다, 사용하기 어렵게 만든다와 같은 방법도 있습니다.

'계기→반응→보상'의 고리

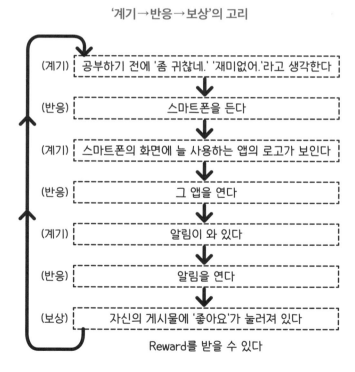

(계기) 공부하기 전에 '좀 귀찮네.' '재미없어.'라고 생각한다

(반응) 스마트폰을 든다

(계기) 스마트폰의 화면에 늘 사용하는 앱의 로고가 보인다

(반응) 그 앱을 연다

(계기) 알림이 와 있다

(반응) 알림을 연다

(보상) 자신의 게시물에 '좋아요'가 눌러져 있다

Reward를 받을 수 있다

예를 들어 스마트폰 화면의 표시를 그레이스케일(흑백 표시)로 하는 것이 그 일례입니다.

컬러풀한 화면이 없어지면 스마트폰 사용은 지루하게 느껴지고, 흑백으로 변한 화면을 보는 것에 의해 좀 더 의식적인 사용으로 이어집니다.

또 스마트폰의 한가운데에 헤어밴드 같은 고무줄 류를 감아두는 '헤어밴드 테크닉(The hair band technique)'이라 불리는 방법을 선택하는 사람도 있습니다.

헤어밴드를 감아두면 화면의 일부를 가려 보기 어려워질 뿐만 아니라 스크롤 등의 조작을 하기 어려워지고, '지금, 스마트폰을 볼 필요가 있나?'라고 생각하게 만드는 표시가 되기도 합니다.

스마트폰을 아무 생각 없이 보며 시간을 낭비한다는 사람은 자신의 나쁜 습관의 '계기'에 관해 생각하고, 어떻게 그것을 제거하면 되는지 생각해보세요.

'멍 때리는 시간'을 확보하기 위해서도 스마트폰과 거리를 두자

스마트폰에 관해 하나만 더.

무언가를 공부한 후의 '멍 때리는 시간(영어로는 Waking rest/Wakeful rest)'도 기억을 장기 기억으로 보존(고정화)하는 데 일정한 역할을 한다는 논문이 있습니다.[122]

공부나 일 같은 작업을 수행하지 않고, 어떤 것에도 집중하지 않을 때 사용되는 뇌 영역의 네트워크는 '디폴트 모드 네트워크(Default mode network)'라 불리고, 아직 밝혀지지 않은 것이 많지만, 감정이나 기억에 관한 처리, 자기 자신에 관한 정보의 처리 등, 다양하고 중요한 활동을 지원하는 두뇌 회로입니다.[123, 124]

저는 병원에서 정신이 쏙 빠질 정도로 바쁘게 일한 후나 환자의 죽음과 같은 스트레스를 심하게 받는 일이 일어난 후와 같을 때는 한동안 넋을 놓고 멍하니 있을 때가 있습니다. 그럴 때면 이유는 저도 잘 모르겠지만 제 뇌에서 무언가 중요한 처리가 되고 있다는 느낌을 받습니다.

스마트폰은 손쉽게 뇌를 자극할 수 있는 도구이지만, '멍 때리는 시간'을 확보하기 위해서라도 스마트폰과의 거리를 두는 것이 좋다고 생각합니다.

▶▶ 공부에 활용할 수 있는 툴

학습에는 액티브 리콜과 분산 학습이 결정적으로 중요하다는 이야기를 했습니다. 이 두 가지 학습 방법을 조합시키면 효과가 큰 학습을 할 수 있는데, 그 방법은 많습니다.

그중 하나가 플래시 카드를 사용하는 방법입니다.

종이 플래시 카드에 적는 것이 귀찮고, 일일이 카드를 가지고 다니고 싶지 않다는 사람도 사용할 수 있는 것이 'Anki'입니다. Anki는 미국에서 인기가 있는 분산 학습 앱으로 공부량이 방대한 미국의 의학생 대부분이 사용하고 있습니다.

Anki는 플래시 카드의 문제를 풀었을 때의 난이도('한 번 더' '어려움' '정답' '간단')에 따라 다음에 표시되는 간격이 달라진다는 특징이 있습니다.

또 통상적인 일문일답 형식의 카드뿐만 아니라 보충 형식의 문제 등 다양한 문제를 작성할 수 있는 데다 동영상이나 음성 등을 삽입할 수 있습니다. 유사한 앱은 많지만 가장 대표적인 것이라 소개해보았습니다.

Anki는 《플루언트 포에버(Fluent Forever)》(게이브리얼 와이너 저, 강주헌 역, 민음사)에도 소개된 소프트웨어입니다. 저는 책을 읽을 때 컴퓨터가 근처에 있으면 외우고 싶은 내용을 Anki의 플래시 카드로 만들 때가 있습니다.

▶▶ 코넬식 노트 정리법

노트에 글자를 그저 받아 적는 것은 별로 효과적인 공부법이 아니라는 것은 앞 장에서도 설명했습니다.

그럼, 노트는 아무 쓸모가 없는 것일까요? 아닙니다. 노트에 필기하는 방법에 따라서는 효과가 있다고 생각합니다.

제가 효과적이라고 생각하는 코넬식 노트 정리법을 소개합니다. 코넬 대학교의 월터 파우크 교수가 고안한 노트 정리법입니다.

이 노트에서는 노트의 한 페이지를 다음 그림과 같은 세 가지 섹션(Ⓐ·Ⓑ·Ⓒ)으로 나눕니다.

Ⓐ섹션은 기억하고 싶은 내용을 적는 공간입니다. 이 Ⓐ의 내용에 관한 질문이나 키워드를 Ⓑ섹션에 적습니다.

예를 들어 DNA에 관해 노트에 적을 때는 Ⓐ에 그 정보를 적고, Ⓑ에 "DNA는 무엇의 약자인가?" "DNA 염기의 종류는?" 등의 중요하다고 생각하는 점에 관한 질문을 적습니다.

그리고 Ⓒ섹션에는 짧게 요약해서 정리합니다(단순히 글자를 발췌하는 것보다도 효과적인 것은 앞 장에서 설명한 바와 같습니다).

복습할 때는 Ⓐ의 필기 부분을 가리고, Ⓑ의 질문이나 키워드부터 액티브 리콜할 수 있는지 시험해봅니다.

이처럼 액티브 리콜을 할 수 있는 노트가 평소에 읽는 것만으로 복습하는 노트보다 효과적이라고 생각합니다.

코넬식 노트 정리법의 예

질문·키워드 　 노트 필기
　
공부 내용에 　 • 강의 내용
관한 질문이나 　 • 읽은 내용 등
키워드를
적는다

Ⓑ 　 Ⓐ

정리
무엇을 배웠는지 요약 정리한다 　 Ⓒ

■ 파워포인트의 프레젠테이션 자료로 응용하는 경우의 예

인지증의 위험인자

• 운동 부족 　 • 당뇨병
• 흡연 　 • 음주
• 난청 　 • 대기오염
• 사회적 고립 　 • 비만(BMI
• 고혈압 　 　 30 이상)
• 우울증 　 • 중등교육
• 외상성 뇌손상 　 미수료

질문 　 노트 필기

중요한 것은 어디까지나 코넬식 노트 정리법의 콘셉트이지, 이와 똑같이 페이지를 분할해서 노트를 사용해야 한다는 것은 아닙니다.

예를 들어 노트의 앞면에 필기하고 뒷면에 질문을 적는 방법도 상관없습니다.

또 파워포인트의 프레젠테이션 자료에서 필기할 공간이 있으면 스스로 선을 그어 분할해서 왼쪽은 질문, 오른쪽은 필기하는 공간으로 나눌 수도 있습니다.

▶▶ '정말로 중요한 것'을 잊지 않는다·창의적으로 공부한다

인생에는 '정말로 중요한 것'과 '중요하지만 정말로 중요한 것보다 중요하지 않은 것'이 있다고 저는 생각합니다. 시험이나 자격증을 따기 위한 공부, 자기 계발을 위한 공부 등은 확실히 말하지만 저는 '정말로 중요한 것'은 아니라고 생각합니다.

공부법 책인데 이런 말을 써도 되는지 생각하지 않은 건 아니지만, 인생에는 공부보다 중요한 것이 있습니다. 예를 들어 저에게는 가족이나 친한 친구와의 관계가 더 중요합니다.

그러나 공부를 너무 열심히 해서 정신적으로 막다른 곳에 몰리면 '정말로 중요한 것'을 보지 못하고, 때로는 '정말로 중요한 것'을 희생할 때도 있을지 모릅니다.

아무리 공부가 힘들어도 미소를 잃지 않는 것, 인생을 즐기는 관점을 유지하는 것, 소중한 사람을 배려하는 것, 그런 것을 잊지 않으려고 합니다.

그렇다 해도 정말로 중요한 시험을 볼 때는 어느 정도 시간을 할애해서 집중적으로 공부한 게 좋은 시기도 있었습니다.

공부할 것이 무한하게 느껴지던 미국의 의사국가시험과 일본의 의사국가시험 양쪽을 공부하던 의학부 6학년 때 저는 술자리와 같은 유혹의 손길을 거의 다 거절했습니다. 그래도 사이가 좋은 친구들과 만나 즐거운 시간을 보내는 것이 저에겐 매우 중요한 일이라고 생각했습니다.

그래서 당시 혼자 살던 저는 친구들을 집으로 불러 모아서 일정 시간 담소를 나누고, 제 책상으로 가서 일정 시간 공부하고, 다시 친구와 노는 것을 반복하는 놀이법(지금 돌이켜보면 분산 학습)을 종종 취했습니다.

그 시기의 추억은 지금 저에겐 귀중한 자산입니다. 이제 그 무렵처럼 심한 압박 속에서 공부할 일은 없지만, 전문의 시험 공부 등(앞에서 말했다시피 미국에서는 10년마다 전문의 시험을 다시 봐야 한다)을 할 때도 공부 외의 중요한 것을 의식하면서 공부합니다.

이 책을 보고 있는 당신에게 공부 외에 중요한 것이란 무엇일까요?
그것은 친구, 부모, 형제, 배우자, 연인, 자녀와의 관계일지도 모르고, 취미 시간 같은 것일지도 모릅니다.

심한 압박감 속에서 장시간 공부해야 할 때도 공부 외에 자신에게 중요한 것을 잊지 않도록 창의적으로 공부 계획을 세워보길 바랍니다. 그리고 '장래의 자신'뿐만 아니라 '지금의 자신'에게도 시간을 쓰는 것을 잊지 않기를 바랍니다.

수면의 중요성

이 책을 읽고 계신 여러분은 하루의 수면 시간이 얼마나 됩니까?

낮에 졸릴 때가 있습니까?

만약 수면 시간이 하루에 7시간 미만이거나 지금 이 시간에 졸음을 참아가며 이 책을 읽고 있다면 오늘은 가능한 한 오래 수면을 취하길 권합니다.

일본에서는 수면 시간을 할애해서 공부나 일을 하는 것이 미덕인 듯한 풍조가 있는 것 같습니다.

이렇게 말하는 저도 전에는 잠을 줄여가면서 무언가를 열심히 하는 것이 왠지 모르게 멋있다는 생각을 했습니다.

수면은 건강에 있어서 매우 중요한 것임에도 불구하고 그 중요성은 많은 사람에게 과소평가되고 있는 것 같습니다. 7시간 미만의 수면은

비만, 당뇨병, 고혈압, 심장 질환, 뇌졸중, 우울증, 그리고 사망 위험도의 증가 등과 관련이 있다는 것이 보고되고 있습니다.

미국 수면의학회는 성인이면 7시간 이상의 수면을 취하는 것을 권장하고 있습니다.[125, 126]

2021년에 경제협력개발기구(OECD)가 33개국을 대상으로 진행한 수면 시간에 관한 조사에서는 일본인의 하루 평균 수면 시간이 7시간 22분으로 전체 평균인 8시간 28분을 크게 밑돌았고, 조사 국가 중에서 가장 짧았습니다(한국인의 하루 평균 수면 시간은 7시간 51분).

이것은 어디까지나 평균이므로 일하는 성인은 이것보다 수면 시간이 더 짧은 사람이 많지 않을까요?

권장 수면 시간

미국 수면의학회의 권장 수면 시간

연령	권장 수면 시간
4~11개월	12~16시간
1~2세	11~14시간
3~5세	10~13시간
6~12세	9~12시간
13~17세	8~10시간
18~60세	7시간 이상

수면은 건강 전반에 중요할 뿐만 아니라 학습이나 기억에도 중요한 역할을 맡고 있다는 것이 밝혀졌습니다.

구체적으로는 우리의 뇌가 정보를 최초로 기억한 후 기억을 안정시켜 좀 더 장기간 유지하기 위해 고정(Consolidation)이라는 과정을 거치는데, 이 기억의 고정화는 수면 중에 촉진된다는 것이 밝혀졌습니다.

잔다고 하면 왠지 '뇌가 쉰다'고 생각하는 사람도 있을지 모릅니다. 하지만 실제로는 수면 중에 뇌는 매우 활발하게 활동하고 있습니다.

연구

수면과 기억에 관해서는 100년 이상 전부터 연구가 이루어져왔습니다.

예를 들어 1923년에 진행해서 이듬해에 발표된 〈Obliviscence during sleep and waking(수면과 각성 시의 망각)〉이라는 매우 흥미로운 연구가 있습니다.[128]

이 연구에서는 코넬 대학에 다니는 두 명의 학생에게 약 2개월에 걸쳐 실험실과 그 옆방에서 생활하게 하며, 주간 혹은 야간에 한 번 무의미한 음절 10개를 외우게 하고 시간이 흐른 후에 얼마나 잊어버렸는지를 조사했습니다.

무의미한 음절을 외운다는 것은 망각에 관해 조사한 에빙하우스가 사용한 방법입니다. 에빙하우스의 실험에서는 시간이 흐르면 망각이 완만해지는 것은 수면에 의한 효과가 아닐까 하는 가설을 세우고 이 실험을 시행했습니다.

외운 후에 자지 않는 경우(깨어 있게 한 경우), 아침 8시~10시에 무의미한 음절을 외우게 하고 1시간 후, 2시간 후, 4시간 후, 혹은 8시간 후에 실험실로 돌아와서 외운 음절을 생각나는 만큼 생각해내게 했습니다. 외운 후에 바로 자게 한 경우는 밤 11시 30분~새벽 1시에 외운 후 1시간 후, 2시간 후, 4시간 후, 혹은 8시간 후에 깨워서 외운 음절을 생각나는 만큼 생각해내게 했습니다(자고 나서 1, 2시간 후에 깨우는 것은 왠지 안쓰럽다는 기분도 듭니다). 이것을 각각의 간격으로 8회씩 시행했습니다.

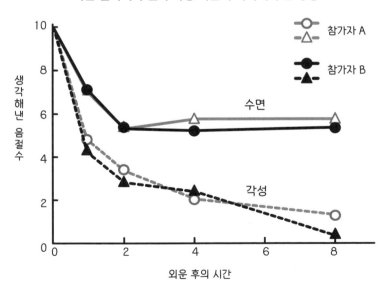

다른 길이의 수면과 각성 기간이 기억에 주는 영향

결과는 두 사람 모두 외우고 나서 수면을 취했을 때가 외운 후 그대로 깨어 있을 때보다도 더 많은 음절을 기억하고 있다고 나왔습니다. 단 두 명을 대상으로 한 조사이지만 흥미로운 결과입니다.

이 실험을 한 연구자들은 무언가를 외운 후에 깨어 있으면 새로운 정보가 들어오기 때문에 외운 것이 애매해져버리는 것에 비해 외운 후에 자면 새로운 정보가 들어오지 않아 기억이 간섭을 받지 않으므로 기억이 유지될 수 있는 것이 아닐까 하고 추측했습니다.

그러나 지금까지 정말 많은 연구가 이루어지며 기억에 대한 수면의 역할이 단순히 깨어 있을 때 새로 들어오는 정보로부터의 간섭을 피한다는 것만은 아니라는 것이 밝혀졌습니다.[127, 129, 130] 여전히 밝혀지지 않은 것도 많지만, 수면 중에는 깨어 있을 때 생긴 기억이 능동적으로 정리되고 재활성화됨으로써 좀 더 안정적으로 되는 것 같습니다.

또 무언가를 외운 후 언제 수면을 취하면 기억의 정착이 좋아지는지를 조사한 연구가 몇 개 있습니다.

연구

한 연구에서는 독일어를 모르고 모국어가 영어인 고등학생 12명을 대상으로 아침 8시 혹은 밤 8시에 독일어 단어를 외우게 하고 24시간 후, 또는 36시간 후에 얼마나 외울 수 있었는지를 조사했습니다.[131] 구체적인 학습과 테스

트 스케줄은 아래와 같습니다.

① 아침 8시에 외우고, 15시간 후에 자고, 24시간 후(아침 8시)에 얼마나 잊
   었는지를 테스트
② 아침 8시에 외우고, 15시간 후에 자고, 36시간 후(밤 8시)에 얼마나 잊었
   는지를 테스트
③ 밤 8시에 외우고, 3시간 후에 자고, 24시간 후(밤 8시)에 얼마나 잊었는
   지를 테스트
④ 밤 8시에 외우고, 3시간 후에 자고, 다시 다음 날도 평소와 같이 자게 하
   고, 36시간 후(아침 8시)에 얼마나 잊었는지를 테스트

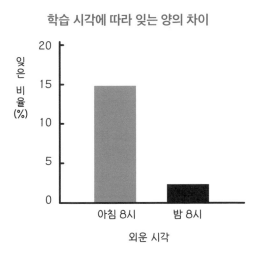

학습 시각에 따라 잊는 양의 차이

결과는 다음 그래프와 같이 밤 8시에 공부한 쪽(공부하고 3시간 후에 잔다)이 잊을 확률이 낮다고 나왔습니다.

이처럼 무언가를 외운 후에 비교적 빨리 잔 쪽이 외운 것을 쉽게 잊지 않는다는 것을 시사하는 연구는 다수 있습니다.[132, 133]

외우기 어려운 것이나 암기가 필요한 것이 있으면 자기 전에 학습·복습하는 것이 효과적일지도 모릅니다. 무언가를 장기적으로 기억하는 것이 학습의 목적 중 하나라면 수면도 학습의 일부로 인식해야 한다고 할 수 있을 것입니다.

양질의 수면을 위해 미국 수면의학회는 아래와 같은 것들을 추천했습니다.

① 일관된 수면 스케줄을 유지하도록 한다. 주말이나 휴가 중에도 매일 같은 시간에 일어나도록 한다.
② 적어도 7, 8시간의 수면을 취할 수 있도록 취침 시각을 조금 빠르게 정한다.
③ 자지 않을 때는 잠자리로 가지 않는다.
④ 잠자리에 들어가서 20분이 지나도 잠이 오지 않을 때는 잠자리에서 나와 밝은 빛을 피해 조용한 활동을 한다. 그때 전자기기를

사용하지 않는 것이 중요하다.

⑤ 릴랙스할 수 있는 취침 전의 루틴을 확립한다.

⑥ 침대는 수면이나 섹스를 위해서만 사용한다.

⑦ 침실을 조용하고 릴랙스할 수 있는 공간으로 만든다. 실내 온도는 쾌적하고 시원하게 유지한다.

⑧ 저녁 이후에는 밝은 빛을 피한다.

⑨ 적어도 취침 30분 전에는 전자기기를 끈다.

⑩ 취침 전에는 많은 양의 식사를 피한다. 밤에 배가 고프면 가볍고 건강에 이로운 음식을 먹는다.

⑪ 정기적으로 운동하고, 건강에 이로운 식사를 하겠다고 항상 유의한다.

⑫ 오후나 밤에 카페인을 섭취하지 않는다.

⑬ 취침 전에는 알코올 섭취를 피한다.

⑭ 취침 전에는 수분 섭취를 삼가도록 한다.

카페인, 알코올과 수면의 관계

의외로 알려지지 않은 카페인의 반감기에 관해 보충 설명합니다.

카페인을 섭취하고 나서 혈액 속 농도가 최대치가 되는 것은 15분 후부터 2시간 정도까지입니다. 이 양이 절반이 되는 시간(반감기)은 통상 2시간 반 후부터 6시간 정도까지인데, 카페인이 몸속에서 없어지는 시간에는 개인차가 꽤 크다는 것이 밝혀졌습니다. 이것은 간장의 산소 대사 속도에 개인차가 꽤 크기 때문입니다.

카페인의 대사가 느린 사람은 카페인이 몸속에 남기 쉬워서 오후 이른 시간에 섭취해도 수면의 질이 떨어질 가능성이 있습니다.

저도 커피를 매우 좋아해서 매일 마시지만, 카페인에 의해 수면에 영향을 쉽게 받기 때문에 오후 2, 3시 이후에는 잘 마시지 않으려고 합니다(한편, 제 친구나 아내는 커피나 녹차를 자기 직전에 벌컥벌컥 마셔도 푹 잘 잡니다).

알코올을 마신 후에 자게 되는 경우가 있는데 수면의 질이 나빠지기 때문에 그대로 자버리는 것은 추천되지 않습니다.

취침 전에 수분을 너무 많이 섭취하면 야간에 화장실에 가는 빈도가 잦아질 수 있으므로 되도록 삼가는 것이 일반적으로는 추천되고 있습니다.

✔ 수면 부족은 어떤 질환과 관계가 있습니까?

✔ 수면이 기억에 미치는 영향은?

✔ 양질의 수면을 위해 미국 수면의학회가 추천한 것은 무엇입니까?

✔ 정교화 질문과 자기 설명은 어떻게 다릅니까?

✔ 제자 효과란 무엇입니까? 본서의 내용 중 일부를 가족이나 친구 등에게 설명해보세요.

✔ 이 책을 덮고 어떤 내용이 쓰여 있었는지 백지에 생각나는 만큼 적어보세요.

운동의 중요성

우리 뇌의 신경세포는 나이를 먹음에 따라 점점 줄어듭니다.

기억에서 중요한 작용을 하는 해마의 위축은 가령(加齡)뿐만 아니라 고혈압, 당뇨병, 심혈관계 질환, 비만, 수면 시 무호흡증후군, 우울증, 머리의 외상, 알츠하이머병 등의 다양한 질환과 관련이 있다는 것이 밝혀졌습니다.

"뇌세포가 점점 줄어든다."라는 말을 들으면 왠지 서글퍼지는데, 좋은 소식도 있습니다. 머릿속에서도 해마 등의 제한된 영역에서는 신경세포가 증식할 수 있다는 것입니다.

> **QUESTION**
>
> 연속적 재학습의 순서에 대해 설명해보세요

1997년 《네이처》 지에 게재된 유명한 논문을 소개합니다.[135] 이 연구에서는 쥐를 두 그룹으로 나눠 사육하면서 해마의 세포 수와 미로(모리스 수중 미로)에서 나타난 학습능력의 차이를 비교했습니다.

- A그룹: 수레바퀴와 터널, 장난감 등 자극이 많은 사육장에서 키우며 일반적인 먹이뿐만 아니라 치즈나 사과, 팝콘 등의 식사 종류도 늘린다
- B그룹: 일반적인 놀이 도구가 없는 사육장에서 일반적인 먹이로 키운다

그 후 쥐의 뇌를 조사해보니 좀 더 자극적인 환경에서 키운 A그룹의 쥐가 해마 중에서도 기억에 중요한 역할을 하는 치상회(齒狀回)에 있는 신경세포(과립세포)의 수가 15%나 많은 것이 밝혀졌습니다.

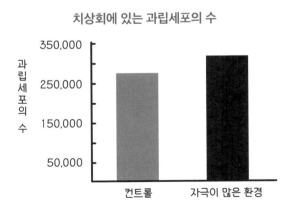

치상회에 있는 과립세포의 수

게다가 공간기억을 조사하는 모리스 수중 미로로 시험했더니 좀 더 자극적인 환경에서 키운 쥐가 일반적인 사육장에서 키운 쥐보다도 좀 더 빨리 학습할 수 있었습니다. 자극이 많은 환경에서 쥐를 키우는 것에 의해 해마의 세포가 늘어나고, 기억력도 향상된다는 재미있는 결과였습니다.

인간도 뇌에 자극이 많은 활동을 한 쪽이 인지 기능에 좋다는 것을 시사하는 연구가 수없이 많습니다.

75~85세의 노인을 장기간 추적하여 어떤 사람에게 인지증이 발현되는지를 조사한 연구에서는 독서나 보드게임, 악기 연주나 댄스 등의 취미가 있는 사람들에게 인지증이 발현될 위험성이 낮다는 결과가 나왔습니다.[136]

앞의 쥐 실험과 마찬가지로 인간도 다양한 활동으로 해마의 세포가 늘어난다는 보고가 있습니다. 예를 들어 많이 '배우는' 것에 의해 해마의 세포가 늘어나는 경우가 있습니다.

영국 런던의 블랙 캡이라 불리는 택시의 운전사가 되려면 'The Knowledge'라는 어려운 시험에 합격해야 합니다. 런던의 복잡하게 얽힌 2만 5,000개나 되는 도로의 이름이나 2만 개 이상의 랜드마크와 같은 방대한 정보를 외워야 하고, 그것들을 학습하려면 3, 4년이나 필요하다고 합니다.

런던의 택시 운전사가 되기 위해 공부와 훈련을 하기 전과 3, 4년 후에 인정 시험에 합격한 후의 뇌를 MRI로 살펴보았더니 해마의 일부가 커졌다는 것이 밝혀졌습니다.[137]

또 독일의 의학생을 대상으로 한 연구에서도 독일의 의사국가시험 'Physikum'에 응시하기 위해 3개월간 매일 공부한 후 해마의 일부가 커졌다는 보고가 있습니다.[138]

머리를 적극적으로 사용하는 것에 의해 뇌의 일부가 증식할 수 있는 것입니다.

그리고 운동에 의해서도 해마의 세포 증식을 촉진하고, 인지 기능의 향상을 기대할 수 있습니다.

연구

2011년의 에릭슨 등에 의한 연구에서는 인지증에 걸리지 않은 55세 이상의 사람들을 대상으로 유산소 운동이 해마에 미치는 영향을 조사했습니다.[139] 참가자는 1주일 동안 중강도의 유산소 운동을 하는 그룹과 단순히 스트레칭을 하는 그룹으로 나뉘어 개시 당시, 반년, 1년 후에 MRI에 의해 해마의 크기가 측정되었습니다. 그 결과, 단순히 스트레칭을 한 사람들의 해마 용적은 1년 후에 약 1.4% 감소한 것에 비해 유산소 운동을 정기적으로 한 사람들은 해마의 용적이 약 2% 증가했습니다.

운동이 기억 등의 인지 기능에 어떤 영향을 주는지를 조사한 연구는 많고, 유사한 연구에서도 다른 결과가 나오는 경우도 있기 때문에 짧게 정리하는 것이 매우 어려운 상황이 있습니다.[140, 141]

어떤 사람을 대상으로, 어느 정도의 부하가 걸리는 운동을 어느 정도의 빈도로, 어느 정도의 시간 동안 하는지, 언제 어떻게 효과를 판정하는지 등에 따라 결과가 달라집니다. 그래서 많은 논문을 특정한 기준에 근거하여 체계적이고 포괄적으로 수집하여 요약하는 시스테마틱 리뷰나, 복수의 연구 결과를 통계적으로 통합하는 메타 애널리시스가 다수 존재합니다.

미국의 신체활동 가이드라인을 위한 자문위원회가 작성한 보고서에서는 과거의 총 76편의 메타 애널리시스와 시스테마틱 리뷰를 조사하여 운동이 인지 기능에 미치는 영향을 조사했습니다.[142] 이 보고서에서는 일부 연령층에 관해서는 연구가 아직 충분하지 않은 것에 유의하면서도 중고강도의 신체활동과 인지 기능의 개선(학업 성적이나 신경심리학적 검사 결과의 향상, 인지증 위험성의 저감 등) 사이에는 일관된 관련이 있다고 보고하고 있습니다.

운동은 정기적으로 장기간 하지 않으면 소용없다고 생각하는 사람

도 많을지 모릅니다. 하지만 학습 효과에 관해서 말하면 단 한 번뿐인 운동이라도 효과를 기대할 수 있습니다.

앞서 미국의 자문위원회가 작성한 보고서에서도 1회의 운동으로도 뇌의 실행 기능, 처리 속도, 집중력이나 기억력을 단기적으로 높이는 효과를 기대할 수 있다고 합니다.

구체적으로 어떤 운동에 효과가 있는지에 관해서는 확실하게 밝혀지지 않았지만, 저강도에서 중강도, 11분에서 20분 정도의 운동으로도 효과가 있다는 것이 시사되었습니다.

조사 대상이 된 운동으로는 빨리 걷기, 조깅, 러닝, 사이클링 등이 있습니다. 또 장기 기억을 개선하기 위해서는 운동한 후에 외운 것이 기억에 쉽게 정착된다는 보고도 있습니다.[141]

자격시험 등을 목표로 장기간 공부해야 할 때, 일시적으로 집중력이 끊겼다면 빨리 걷는 산책이나 조깅 등 10~20분의 운동을 하고 나서 다시 공부하면 기분 전환도 되고 기억의 정착이 촉진될지도 모릅니다.

▶▶ 운동이 뇌에 좋은 효과를 가져오는 하나의 원인, BDNF란

운동이 뇌에 좋은 효과를 가져오는 하나의 원인으로 Brain-derived neurotrophic factor(BDNF, 뇌유래신경영양인자)라 불리는 단백질을 들 수 있습니다.

BDNF는 신경세포의 성장을 촉진하거나 시냅스의 형성과 시냅스 간의 연결을 강화하는 등 뇌 기능에 중요한 역할을 맡고 있습니다.[144, 145]

우리의 뇌에서 기억이 형성될 때 신경세포와 신경세포의 접합부인 시냅스에서 '장기 증강(Long-term potentiation)'이라 불리는 정보 전달이 좀 더 강하게 일어나는 변화가 생기는데, BDNF는 이 변화에도 관여합니다.

1회의 운동으로도 BDNF의 레벨이 상승하는 것이 밝혀졌고, 운동이 인지 기능에 미치는 효과를 생각할 때 주목되고 있습니다(실제로는 그 외의 많은 과정이 관여하고 있습니다[146]).

앞 섹션에서는 배우는 데 있어서 수면이 얼마나 중요한지를 이야기했는데, 운동과 수면은 좀 더 효과적인 학습을 할 수 있게 하는 토대를 만드는 것이라고도 할 수 있습니다.

운동의 건강에 미치는 이로운 효과는 인지증의 위험성 저하나 인지 기능의 개선뿐만 아니라 아래와 같이 다방면에 걸쳐 있습니다.

• 총 사망률 저하
• 심장혈관 질환에 의한 사망률 저하

- 고혈압 예방

- 당뇨병 예방

- 지질 이상증 개선

- 수면 개선

- 불안증·우울증 예방

- 전도(넘어짐) 예방

- 폐암, 위암, 자궁체암, 대장암, 유방암, 방광암, 신장암 등의 위험
  성 저하

저는 의사로서 운동이 훌륭한 약이라고 생각합니다.

공부 효율을 극대화하기 위해서일 뿐만 아니라 좀 더 오래, 건강한 인생을 보내기 위해서라도 몸을 움직이는 것을 적극적으로 생활에 도입해야 합니다.

미국의 신체활동 가이드라인에서는 성인이라면 1주일에 150분에서 300분의 중강도 유산소 운동, 혹은 75분에서 150분의 고강도 유산소 운동을 권장하고 있습니다.[142]

중강도 유산소 운동의 예로는 빨리 걷기, 수중 에어로빅, 자전거를 천천히 타는 것, 정원 일 등을 들 수 있습니다.

고강도 유산소 운동으로는 러닝, 테니스, 수영, 사이클링, 하이킹, 줄넘기 등이 있습니다.

이에 더해 주 2일 이상의 근력 트레이닝이 권장되고 있습니다.

1주일에 150분이라면 1주일에 5일간 30분씩 운동한다는 계산이 나옵니다. 바쁘게 일하는 사람이라면 이 시간을 확보하는 것이 어려운 사람도 있을 것입니다. 그런 사람은 출퇴근 때나 업무 중에 조금이라도 에너지 소비를 동반하는 행동을 할 수 없는지 생각해보면 됩니다.

저도 병원에서 일하다 퇴근하고 나서 정해진 시간에 유산소 운동을 하는 것이 어려운 날은 병원에서 엘리베이터를 이용하지 않고 계단으로만 오르내리고 있습니다.

주말 같은 쉬는 날에 집중해서 운동하는 사람을 영어로는 Weekend Warrior(주말 전사)라고 부릅니다. 이처럼 제한된 날에만 운동할 수 있는 사람도 운동에 의한 건강 효과가 크다는 것이 확인되었습니다.[147, 148]

이상과 같이 동기 부여를 유지하는 것이나 운동하는 것, 자는 것이 공부에 얼마나 중요한지 설명했습니다.

이렇게 생각하니 '어떻게 하면 좀 더 효과적인 공부를 할 수 있을까?'라는 것을 생각할 때, 효율적인 정보의 입력이나 출력과 같은 기술적인 것만을 생각할 뿐만 아니라 몸과 마음 모두 가능한 한 최상의 상태로 유지하는 것에도 충분히 주의할 필요가 있다고 할 수 있습니다.

✔ 뇌 속에서 신경세포가 늘어나는 장소는 어디입니까?

✔ 운동은 해마의 세포 수나 인지 기능에 어떻게 영향을 줍니까?

✔ 운동이 인지 기능에 좋은 영향을 주는 하나의 원인으로 주목받고
있는 단백질은 무엇입니까?

✔ 신체활동·운동이 건강에 미치는 좋은 영향에 관해 가르쳐주세요.

✔ 정교화 질문이란 무엇입니까?

✔ 액티브 리콜에는 어떤 방법이 있습니까?

공부에 불안을 느꼈을 때

'이렇게 많은 시간과 노력을 투자했는데, 다 물거품이 되어버릴지도 몰라.'

'정작 당일에 컨디션이 좋지 않아 폭망하면 어쩌지?'

높은 목표를 향해 공부하고 있을 때일수록 이런 불안에 쫓기는 경우가 있을지 모릅니다.

저도 한 번의 시험으로 최대한 높은 점수로 합격해야 했던 미국의 의사국가시험을 공부할 때나 바늘구멍이라고 여기던 미국에서의 포지션 선고 과정 전에 불안을 느낀 적이 있었습니다. 수천 명이라는 우수한 외국인 의사 중에서 과연 나는 채용될 수 있을까, 하고.

미래를 생각하는 것은 중요하지만, 해야 할 일이 많고, 불안해질 때도 있다고 생각합니다. 그럴 때 제가 의식한 것은 '오늘, 하루의 칸막이 안에서 살아라(Live in day-tight compartments)'라는 것입니다.

이것은 데일 카네기의 책《How to Stop Worrying and Start Living》(직역하면 '걱정을 멈추고 삶을 시작하는 법'이다. 한국어판《카네기 행복론》)에도 소개된 윌리엄 오슬러의 말입니다.

윌리엄 오슬러는 4개 대학의 교수를 역임하고 존스 홉킨스 대학 의학부 창설자의 한 사람으로서 근대 의학 교육의 기초를 세운 유명한 내과의입니다. 그는 역사가 토머스 칼라일의 "우리에게 중요한 것은 멀리 희미하게 존재하는 것을 보는 게 아니라 가까이에 확실하게 존재하는 것을 실행하는 것이다."라는 말에 깊이 공감했다고 합니다.

미래에 불안을 느끼고, 과거를 후회할 것이 아니라 철의 장막으로 미래와 과거를 차단하고, '오늘, 하루의 칸막이 안에서 사는(오늘을 충만하게 사는)' 습관을 들이려고 마음먹어야 한다고 윌리엄 오슬러는 말합니다.

과거의 실패에 연연하며 고민하거나 미래의 일어나지도 않은 일에 불필요하게 불안해질 것이 아니라, 지금 할 수 있는, 눈앞의 일을 최선을 다해 하면 된다고 우리에게 용기를 주는 말입니다.

또 이 말은 미하엘 엔데의 《모모》에 나오는 베포라는 청소부 아저씨의 말과 같은 맥락을 갖는다고 생각합니다. 제가 좋아하기도 하는 그 말을 소개합니다.

"우리 앞에는 끝없이 아득한 도로가 뻗쳐 있을 때가 많아. 너무나 아득해서 도저히 감당할 수 없을 것 같은 생각이 드는 거야."

(중략)

"한 번에 도로 전체를 생각해선 안 돼, 알겠니? 다음에 딛게 될 걸음, 다음에 쉬게 될 호흡, 다음에 하게 될 비질만 생각하는 거야. 언제나 그저 다음 일만을 말이야."

(중략)

"문득 정신을 차렸을 때는 한 걸음 한 걸음 걸어온 도로를 다 쓸었다는 걸 깨닫게 되지. 어떻게 그렇게 했는지도 모르겠고, 숨이 차지도 않아."

베포는 혼자 중얼거리고 이렇게 덧붙였다.

"그게 중요한 거야."

'내가 할 수 있을까?' '내가 시험에 합격할 수 있을까?'……

해야 할 것이 많고, 자신이 달성할 수 있을지 불안을 느낀 적이 있을지도 모릅니다.

그럴 때는 오늘 풀 수 있는 30개의 문제, 오늘 외울 수 있는 단어·용어와 같이 눈앞에 있는 제한된 범위의 공부에 집중합니다. 하루, 하루 그렇게 보냅니다. 그러면 작은 행동이 쌓여서 무언가 큰 결과로 이어질 것입니다.

이것은 일에서도 마찬가지라고 생각합니다.

▶▶ 불안이나 초조를 느꼈을 때 부정적인 감정에 대처하는 '저널링'

또 시험에 대해 불안을 느낄 때는 자신의 감정이나 생각을 '글로 적어보는' 것을 권합니다.

연구

《사이언스》지에 게재된 연구에서는 학년 첫 기말시험을 치르는 고등학생을 대상으로 시험 전에 자신의 감정이나 생각을 적는 것의 효과를 조사했습니다.[149]

시험 6주일 전에 시험에 대한 불안의 정도를 조사하고, 학생을 두 그룹으로 나눴습니다.

- A그룹: 시험 직전에 10분간, 시험에 관한 감정이나 생각을 자유롭게 적게 한다
- B그룹: 시험과 관련이 없는 화제에 관해 적게 한다

연구 결과 불안을 강하게 느끼던 학생 중에서 시험 직전에 자신의 감정을 적은 학생들은 적지 않은 학생들에 비해 시험 성적이 좋았다는 것이 밝혀졌습니다.

불안이나 초조 등, 저의 부정적인 감정에 대처하기 위해 제가 하는 효과적인 방법 중에 **저널링**이 있습니다.[150, 151] 단순히 일어난 사건이나 감정만을 적는 일기가 아니라 어떤 사건에 대한 자신의 감정이나 생각과 그것에 대한 자신의 이해나 취하려고 한 대처법 등에 관해 적습니다.

저널링은 학습뿐만 아니라 인생의 다양한 국면에서 도움이 됩니다.

앞에서 예로 든 《카네기 행복론》에서도 고민을 해결하는 방법으로 아래와 같은 것을 적어보라고 권하고 있습니다.

① 고민하고 있는 내용을 구체적으로 적는다.
② 그것에 관해 자신이 할 수 있는 것을 적는다.
③ 어떻게 할지를 결단한다.
④ 그 결단을 즉시 실행한다.

저는 병원에서 일하기 때문에 종종 죽음이라는 것을 마주합니다.

저보다 적은 나이에 돌아가시는 분도 여러 명 봤습니다. 현대 의학

기술을 총동원하고도 병의 진행을 막지 못해 환자가 사망했을 때 한없이 밀려드는 무력감을 느낀 적도 있습니다. 돌아가신 분의 유가족이 터뜨리는 강렬한 감정과도 마주합니다.

저는 의사로서 평소에는 태연한 척하려고 하지만 때때로 격한 감정이 몰려와 제가 영향을 받고 있다는 것을 깨닫습니다. 그럴 때는 저의 감정과 그것에 대한 저의 생각을 적으려고 합니다.

2장(p93)에서 자기 자신의 사고에 대한 인식이나 이해인 메타 인지가 학습에는 중요하다는 이야기를 했습니다. 저널링은 학습에도 중요한 메타 인지를 단련하는 좋은 수단이라고 생각합니다.

▶▶ 열심히 공부하는 당신에게

마지막으로 지금 압박감 속에서 공부하는 사람에게 메시지를 전해 주세요.

저는 YouTube에 공부법 동영상을 올린 후 열심히 공부하는 많은 분으로부터 댓글을 받았습니다. 의대를 목표로 하는 고등학생, 회계사나 세무사 등의 자격증을 따기 위해 공부하는 분들, 외국어 공부를 열심히 하고 있는 분, 나이 때문에 불안을 느끼면서도 새로운 학문에 도전하고 있는 분, 재취업을 위해 열심히 공부하고 있는 분, 미국이나 캐나다 등 해외에서 자격증을 따기 위해 공부하고 있는 분들······.

뭔가 큰 목표를 향해 공부할 때 '나라면 할 수 있다.'라는 자신이 있는 한편, 마음 어딘가에 '난 할 수 없을지도 몰라.'라는 또 한 명의 자신이 있을지도 모릅니다. 자신을 짓누르는 압박감 속에서 많은 시간과 노력을 들여가며 하루하루 꾸준히 공부하는 것은 고독한 작업이기도 합니다. 목표로 하는 것이 자신에게 얼마나 중요한지, 공부가 얼마나 힘든지, 그 감정은 다른 사람은 느낄 수 없습니다.

저도 그런 고독과 압박을 느끼던 시기가 있었습니다.

그런 시기의 일입니다. 미국에서 의사가 되기 위해 실기시험을 보러 가거나, 병원에서 채용 면접을 보러 미국으로 가야만 했을 때가 몇 번 있었습니다.

어느 날 밤, 셔틀버스를 타고 공항으로 가는데 옆에 앉아 있던 미국인 여성과 이야기를 나누게 되었습니다. 조금 이야기를 나눈 후 제가 미국에서 의사가 되는 것을 목표로 하고 있는데 외국인 의사에게는 어려워서 어떻게 될지 모르겠다고 이야기했습니다. 자신이 없어 보였는지 그녀가 저에게 "당신이라면 할 수 있을 거예요."라고 단호한 어조로 말해주었습니다.

잘 모르는 사람과 처음 만나 이야기하는데 어떻게 그런 식으로 말할 수 있는지, 그때는 조금 놀랐습니다. 그녀의 얼굴은 이미 잊어버렸지만, 그 말은 희한하게도 마음에 남은 것을 보면 저에게 조금은 격려가

된 모양입니다.

"당신이라면 할 수 있을 거예요."

YouTube에 댓글을 남겨주신 분들처럼 큰 벽을 넘기 위해 지금 열심히 공부하고 있는 사람이 이 책을 읽고 있다면 저도 이렇게 말씀드리고 싶습니다. 이 책에서는 공부법을 중심으로 때로는 조금 어려운 것에 관해 장황하게 설명했지만, 이런 단순한 메시지를 전하고 싶다는 것이 이 책을 쓴 큰 동기 중 하나였습니다.

2020년 4월경, 저는 미국에서 일하는 임상의로서 많은 신형 코로나 바이러스 감염증 환자를 진찰하게 되었습니다.

병원에는 수백 명에 달하는 감염자가 입원해 있었고, 많은 사람이 죽음에 이르는 날들이 이어졌습니다. 환자의 급변을 알리는 원내 방송이 방문자가 없는 조용한 병동에서 수시로 울리며 침울한 분위기가 떠다니고 있었습니다.

감염방호구, 특히 N95 마스크가 부족해서 몇 주일이나 같은 마스크를 계속 사용하거나, 다른 사람이 사용한 것을 소독해서 재사용하는 것이 일상이 되었습니다.

신종 급성 바이러스성 질환에 의해 이렇게 많은 사람이 고통스러워하고, 효과적인 치료도 받지 못한 채 죽어간다는 것은 정말로 믿기 어려운 일이었습니다.

제가 언제 감염될지 모르는 상황에서 아내나 자식들에게 옮기지 않으려고 가족은 되도록 멀리하며 2개월간 좁은 옷장 바닥에 담요를 깔고 잤습니다.

좁은 공간에서 매일 밤 누워 지내던 그 시기, 왜 나는 지나치게 비관하는 일 없이 앞만 보고 내 소임을 다하려고 했을까. 그것은 제가 마음 어딘가에서 인류의 지식이라는 것을 믿고 있었기 때문이라고 생각합니다.

나는 어떻게 될지 잘 모르지만, 지금까지 축적해온 지식을 결집하여 인류는 이 고난을 극복할 수 있다, 그런 확신에 가까운 예감이 저를 지탱하고 있었습니다.

그 후, 과거에 축적되어 있던 지식·기술에 더해 새로운 지식이 급속하게 쌓여 그때의 예감은, 많은 것을 잃어버리고 반성하는 부분도 있지만, 현실이 되었습니다. 임상 현장에서 일하는 의사로서 인류의 지식이 지닌 저력을 강하게 느낀 시기였습니다.

많은 사람이 불안을 안고 있으면서도 열심히 자신의 소임을 다하던 2020년, 내가 뭐 할 수 있는 일이 없을까 하는 생각에 시작한 것이 의사로서의 지식을 공유하는 활동이었습니다. 그것이 나중에 공부법에 관한 YouTube 동영상으로 이어지고, 이 책으로 이어지게 되었습니다.

 이 책은 인간이 오랫동안 해온 학술적인 연구에 근거하여 학습법에 관해 조금이라도 더 많은 사람에게 알려드리고 싶다는 생각에서 썼습니다.
 우리는 이렇게 얻은 지식으로 공부법뿐만 아니라 교수법을 개선해 갈 필요가 있다고 강하게 생각합니다.
 액티브 리콜·상기 연습, 분산 학습, 제조 효과, 제자 효과, 정교화 질문, 자기 설명, 인터리빙, 고대로부터 내려온 기억술, 호기심의 중요성, 자기 참조 효과, 자기 효능감, 수면과 운동이 학습에 미치는 효과 등, 이러한 지식을 보급해서 많은 사람이 실천하면 사회의 지식은 깊어지고 좀 더 나은 사회로 이어지지 않겠느냐는 희망을 품고 있습니다.

 그리고 무엇보다도 저와 어쩌다 같은 시대에 태어나 이 책을 읽는 분이 이 책을 통해 공부법을 알게 되어 자신의 능력을 최대한으로 발휘해서 좀 더 나은 인생을 살 수 있게 된다면 더할 나위 없이 기쁠 것입니다.

1.Karpicke JD, Butler AC, Roediger HL. Metacognitive strategies in student learning: do students practise retrieval when they study on their own? *Memory*. 2009;17(4):471-9.

2.Rawson KA, Kintsch W. Rereading Effects Depend on Time of Test. *Journal of Educational Psychology*. 2005;97(1):70-80.

3.Callender AA, McDaniel MA. The limited benefits of rereading educational texts. *Contemporary Educational Psychology*. 2009;34(1):30-41.

4.Rothkopf EZ. Textual constraint as function of repeated inspection. *Journal of Educational Psychology*. 1968;59(1):20-25.

5.Dunlosky J, Rawson KA, Marsh EJ, Nathan MJ, Willingham DT. Improving Students' Learning with Effective Learning Techniques: Promising Directions from Cognitive and Educational Psychology. *Psychol Sci Public Interest*. 2013;14(1):4-58.

6.Brown PC, Roediger HL, McDaniel MA. *Make It Stick: The Science of Successful Learning*. The Belknap Press of Harvard University Press; 2014.

7.Bjork EL, Bjork RA. Making things hard on yourself, but in a good way: Creating desirable difficulties to enhance learning. In: Gernsbacher MA, Pew RW, Hough LM, Pomerantz JR, eds. *Psychology and the Real World: Essays Illustrating Fundamental Contributions to Society*. Worth Publishers; 2011:56-64.

8. 石井 英真.「改訂版タキソノミー」によるブルーム・タキソノミーの再構築 : 知識と認知過程の二次元構成の検討を中心に.*教育方法学研究*. 2003;28:47-58.

9. Anderson LW, Krathwohl DR, Bloom BS. *A Taxonomy for Learning, Teaching, and Assessing : A Revision of Bloom's Taxonomy of Educational Objectives*. Complete ed. Longman; 2001.

10. Bretzing BH, Kulhavy RW. Notetaking and depth of processing. *Contemporary Educational Psychology*. 1979;4(2):145-153.

11. Bednall TC, James Kehoe E. Effects of self-regulatory instructional aids on self-directed study. *Instructional Science*. 2011;39(2):205-226.

12. Rinehart SD, Stahl SA, Erickson LG. Some Effects of Summarization Training on Reading and Studying. *Reading Research Quarterly*. 1986;21(4):422-438.

13. Kobayashi K. What limits the encoding effect of note-taking? A meta-analytic examination. *Contemporary Educational Psychology*. 2005;30(2):242-262.

14. Fowler RL, Barker AS. Effectiveness of highlighting for retention of text material. *Journal of Applied Psychology*. 1974;59(3):358-364.

15. Peterson SE. The cognitive functions of underlining as a study technique. *Reading Research and Instruction*. 1992;31(2):49-56.

16. Regan ARG, Janet W, Amanda J. Focusing on How Students Study. *Journal of Scholarship of Teaching and Learning*. 2012;10(1):28-35.

17. Pashler H, McDaniel M, Rohrer D, Bjork R. Learning Styles: Concepts and Evidence. *Psychological Science in the Public Interest*. 2008;9(3):105-119.

18. Massa LJ, Mayer RE. Testing the ATI hypothesis: Should multimedia instruction accommodate verbalizer-visualizer cognitive style? *Learning and Individual Differences*. 2006;16(4):321-335.

19. Husmann PR, O'Loughlin VD. Another Nail in the Coffin for Learning Styles? Disparities among Undergraduate Anatomy Students' Study Strategies, Class Performance, and Reported VARK Learning Styles. *Anatomical Sciences Education*. 2019;12(1):6-19.

20. Roediger HL, Karpicke JD. Test-Enhanced Learning: Taking Memory Tests Improves Long-Term Retention. *Psychological Science*. 2006;17(3):249-255.

21. Karpicke JD, Blunt JR. Retrieval Practice Produces More Learning than Elaborative Studying with Concept Mapping. *Science*. 2011;331(6018):772-775.

22. Gates AI. Recitation as a factor in memorizing. *Archives of Psychology*. 1917;40

23. Abbott EE. On the analysis of the factor of recall in the learning process. *The Psychological Review: Monograph Supplements*. 1909;11(1):159-177.

24. Roediger HL, Agarwal PK, McDaniel MA, McDermott KB. Test-enhanced learning in the classroom: long-term improvements from quizzing. *Journal of Experimental Psychology: Applied*. 2011;17(4):382-95.

25. McDaniel MA, Agarwal PK, Huelser BJ, McDermott KB, Roediger Iii HL. Test-enhanced learning in a middle school science classroom: The effects of quiz frequency and placement. *Journal of Educational Psychology*. 2011;103(2):399-414.

26. Glover JA. The "testing" phenomenon: Not gone but nearly forgotten. *Journal of Educational Psychology*. 1989;81(3):392-399.

27. Kang SHK, McDermott KB, Roediger Iii HL. Test format and corrective feedback modify the effect of testing on long-term retention. *European Journal of Cognitive Psychology*. 2007;19(4-5):528-558.

28. Carpenter SK, Delosh EL. Impoverished cue support enhances subsequent retention: Support for the elaborative retrieval explanation of the testing effect. *Memory & Cognition*. 2006;34(2):268-276.

29. Carpenter SK, Pashler H, Wixted JT, Vul E. The effects of tests on learning and forgetting. *Memory & Cognition*. 2008;36(2):438-48.

30. MacLeod CM, Bodner GE. The Production Effect in Memory. *Current Directions in Psychological Science*. 2017;26(4):390-395.

31. Forrin ND, MacLeod CM. This time it's personal: the memory benefit of hearing oneself. *Memory*. 2018;26(4):574-579.

32. Kobayashi K. Learning by Preparing-to-Teach and Teaching: A Meta-Analysis. *Japanese Psychological Research*. 2019;61(3):192-203.

33. Fiorella L, Mayer RE. Eight Ways to Promote Generative Learning. *Educational Psychology Review*. 2016;28(4):717-741.

34. Nestojko JF, Bui DC, Kornell N, Bjork EL. Expecting to teach enhances learning and organization of knowledge in free recall of text passages. *Memory & Cognition*. 2014;42(7):1038-48.

35. Anderson MC, Hulbert JC. Active Forgetting: Adaptation of Memory by Prefrontal Control. *Annual Review of Psychology*. 2021;72(1):1-36.

36.Davis RL, Zhong Y. The Biology of Forgetting—A Perspective. *Neuron*. 2017;95(3):490-503.

37.Parker ES, Cahill L, McGaugh JL. A case of unusual autobiographical remembering. *Neurocase*. 2006;12(1):35-49.

38.Kang SHK. Spaced Repetition Promotes Efficient and Effective Learning: Policy Implications for Instruction. *Policy Insights from the Behavioral and Brain Sciences*. 2016;3(1):12-19.

39.Ebbinghaus H. *Memory: A contribution to experimental psychology*. Dover; 1964.

40.Bahrick HP. Maintenance of knowledge: Questions about memory we forgot to ask. *Journal of Experimental Psychology: General*. 1979;108(3):296-308.

41.Sobel HS, Cepeda NJ, Kapler IV. Spacing effects in real world classroom vocabulary learning. *Applied Cognitive Psychology*. 2011;25(5):763-767.

42.Cepeda NJ, Pashler H, Vul E, Wixted JT, Rohrer D. Distributed practice in verbal recall tasks: A review and quantitative synthesis. *Psychological Bulletin*. 2006;132(3):354-380.

43.Cepeda NJ, Vul E, Rohrer D, Wixted JT, Pashler H. Spacing effects in learning: a temporal ridgeline of optimal retention. *Psychological Science*. 2008;19(11):1095-102.

44.The true history of spaced repetition. https://www.supermemo.com/en/blog/the-true-history-of-spaced-repetition

45.Kang SH, Lindsey RV, Mozer MC, Pashler H. Retrieval practice over the long term: should spacing be expanding or equal-interval? *Psychon Bull Rev*. 2014;21(6):1544-50.

46.Geller J, Toftness AR, Armstrong PI, et al. Study strategies and beliefs about learning as a function of academic achievement and achievement goals. *Memory*. 2018;26(5):683-690.

47.Rawson KA, Dunlosky J. Successive Relearning: An Underexplored but Potent Technique for Obtaining and Maintaining Knowledge. Current Directions in *Psychological Science*. 2022;31(4):362-368.

48.Carpenter SK, Pan SC, Butler AC. The science of effective learning with spacing and retrieval practice. *Nature Reviews Psychology*. 2022;1(9):496-511.

49. Rawson KA, Dunlosky J, Sciartelli SM. The Power of Successive Relearning: Improving Performance on Course Exams and Long-Term Retention. *Educational Psychology Review*. 2013;25(4):523-548.

50. Roediger HL, Pyc MA. Inexpensive techniques to improve education: Applying cognitive psychology to enhance educational practice. *Journal of Applied Research in Memory and Cognition*. 2012;1(4):242-248.

51. Woloshyn VE, Willoughby T, Wood E, Pressley M. Elaborative interrogation facilitates adult learning of factual paragraphs. *Journal of Educational Psychology*. 1990;82(3):513-524.

52. Smith BL, Holliday WG, Austin HW. Students' comprehension of science textbooks using a question-based reading strategy. *Journal of Research in Science Teaching*. 2010;47(4):363-379.

53. Yuan Q, Li M, Desch SJ, et al. Moon-forming impactor as a source of Earth's basal mantle anomalies. *Nature*. 2023;623(7985):95-99.

54. Bisra K, Liu Q, Nesbit JC, Salimi F, Winne PH. Inducing Self-Explanation: a Meta-Analysis. *Educational Psychology Review*. 2018;30(3):703-725.

55. Chi MTH, De Leeuw N, Chiu M-H, Lavancher C. Eliciting Self-Explanations Improves Understanding. *Cognitive Science*. 1994;18(3):439-477.

56. Kerr R, Booth B. Specific and Varied Practice of Motor Skill. *Perceptual and Motor Skills*. 1978;46(2):395-401.

57. Shea JB, Morgan RL. Contextual interference effects on the acquisition, retention, and transfer of a motor skill. *Journal of Experimental Psychology: Human Learning and Memory*. 1979;5(2):179-187.

58. Goode S, Magill RA. Contextual Interference Effects in Learning Three Badminton Serves. *Research Quarterly for Exercise and Sport*. 1986;57(4):308-314.

59. Brady F. The contextual interference effect and sport skills. *Perceptual and Motor Skills*. 2008;106(2):461-72.

60. Porter JM, Landin D, Hebert EP, Baum B. The Effects of Three Levels of Contextual Interference on Performance Outcomes and Movement Patterns in Golf Skills. *International Journal of Sports Science & Coaching*. 2007;2(3):243-255.

61. Kalkhoran JF, Shariati A. The Effects of Contextual Interference on Learning Volleyball Motor Skills. *Journal of Physical Education & Sport*. 2012;12(4):550-556.

62. Hall KG, Domingues DA, Cavazos R. Contextual interference effects with skilled baseball players. *Perceptual and Motor Skills*. 1994;78(3 Pt 1):835-41.

63. Stambaugh LA. When Repetition Isn't the Best Practice Strategy: Effects of Blocked and Random Practice Schedules. *Journal of Research in Music Education*. 2011;58(4):368-383.

64. Abushanab B, Bishara AJ. Memory and metacognition for piano melodies: Illusory advantages of fixed- over random-order practice. *Memory & Cognition*. 2013;41(6):928-937.

65. Rohrer D, Taylor K. The shuffling of mathematics problems improves learning. *Instructional Science*. 2007;35(6):481-498.

66. Taylor K, Rohrer D. The effects of interleaved practice. *Applied Cognitive Psychology*. 2010;24(6):837-848.

67. Rohrer D, Dedrick RF, Hartwig MK, Cheung C-N. A randomized controlled trial of interleaved mathematics practice. *Journal of Educational Psychology*. 2020;112(1):40-52.

68. Firth J, Rivers I, Boyle J. A systematic review of interleaving as a concept learning strategy. *Review of Education*. 2021;9(2):642-684.

69. Hatala RM, Brooks LR, Norman GR. Practice makes perfect: the critical role of mixed practice in the acquisition of ECG interpretation skills. *Adv Health Sci Educ Theory Pract*. 2003;8(1):17-26.

70. Eglington LG, Kang SHK. Interleaved Presentation Benefits Science Category Learning. *Journal of Applied Research in Memory and Cognition*. 2017;6(4):475-485.

71. Wahlheim CN, Dunlosky J, Jacoby LL. Spacing enhances the learning of natural concepts: an investigation of mechanisms, metacognition, and aging. *Memory & Cognition*. 2011;39(5):750-63.

72. Yan VX, Soderstrom NC, Seneviratna GS, Bjork EL, Bjork RA. How should exemplars be sequenced in inductive learning? Empirical evidence versus learners' opinions. *Journal of Experimental Psychology: Applied*. 2017;23(4):403-416.

73. Kornell N, Bjork RA. Learning concepts and categories: Is spacing the "enemy of induction?". *Psychological Science*. 2008;19(6):585-592.

74. Hausman H, Kornell N. Mixing topics while studying does not enhance learning. *Journal of Applied Research in Memory and Cognition*. 2014;3(3):153-160.

75. Rau MA, Aleven V, Rummel N. Blocked versus interleaved practice with multiple representations in an intelligent tutoring system for fractions. In: Aleven V, Kay J, Mostow J, eds. *Intelligent Tutoring Systems*. Springer Berlin/Heidelberg; 2010.

76. Hamann S. Cognitive and neural mechanisms of emotional memory. *Trends Cogn Sci*. 2001;5(9):394-400.

77. ヘレンニウスへ：記憶術の原典. 貴重資料研究会翻訳.

78. Maguire EA, Valentine ER, Wilding JM, Kapur N. Routes to remembering: the brains behind superior memory. *Nature Neuroscience*. 2003;6(1):90-95.

79. Atkinson RC, Raugh MR. An application of the mnemonic keyword method to the acquisition of a Russian vocabulary. *Journal of Experimental Psychology: Human Learning and Memory*. 1975;1(2):126-133.

80. Hulleman CS, Harackiewicz JM. Promoting interest and performance in high school science classes. *Science*. 2009;326(5958):1410-1412.

81. Hulleman CS, Godes O, Hendricks BL, Harackiewicz JM. Enhancing interest and performance with a utility value intervention. *Journal of Educational Psychology*. 2010;102(4):880-895.

82. Guo J, Marsh HW, Morin AJS, Parker PD, Kaur G. Directionality of the associations of high school expectancy-value, aspirations, and attainment: A longitudinal study. *American Educational Research Journal*. 2015;52(2):371-402.

83. Valentine JC, DuBois DL, Cooper H. The relation between self-beliefs and academic achievement: A meta-analytic review. *Educational Psychologist*. 2004;39(2):111-133.

84. O'Mara AJ, Marsh HW, Craven RG, Debus RL. Do Self-Concept Interventions Make a Difference? A Synergistic Blend of Construct Validation and Meta-Analysis. *Educational Psychologist*. 2006;41(3):181-206.

85. Bandura A. *Self-efficacy: The Exercise of Control*. WH Freeman & Co; 1997.

86. Zimmerman BJ. Self-Efficacy: An Essential Motive to Learn. *Contemporary Educational Psychology*. 2000;25(1):82-91.

87.Multon KD, Brown SD, Lent RW. Relation of self-efficacy beliefs to academic outcomes: A meta-analytic investigation. *Journal of Counseling Psychology*. 1991;38(1):30-38.

88.Rottinghaus PJ, Larson LM, Borgen FH. The relation of self-efficacy and interests: A meta-analysis of 60 samples. *Journal of Vocational Behavior*. 2003;62(2):221-236.

89.Usher EL, Pajares F. Sources of Self-Efficacy in School: Critical Review of the Literature and Future Directions. *Review of Educational Research*. 2008;78(4):751-796.

90.Bandura A, Schunk DH. Cultivating competence, self-efficacy, and intrinsic interest through proximal self-motivation. *Journal of Personality and Social Psychology*. 1981;41(3):586-598.

91.Schunk DH, Ertmer PA. Self-Regulation and Academic Learning: Self-Efficacy Enhancing Interventions. In Boekaerts M, Pintrich PR, Zeidner M, eds. *Handbook of Self-Regulation*. Academic Press; 2000: 631-649.

92.Schunk DH. Progress self-monitoring: Effects on children's self-efficacy and achievement. *Journal of Experimental Education*. 1982;51(2):89-93.

93.Lan WY, Bradley L, Parr G. The Effects of a Self-Monitoring Process on College Students' Learning in an Introductory Statistics Course. *Journal of Experimental Education*. 1993;62(1):26-40.

94.Schlarb AA, Kulessa D, Gulewitsch MD. Sleep characteristics, sleep problems, and associations of self-efficacy among German university students. *Nature and Science of Sleep*. 2012;4:1-7.

95.McAuley E, Blissmer B. Self-Efficacy Determinants and Consequences of Physical Activity. *Exercise and Sport Sciences Reviews*. 2000;28(2):85-88.

96.Ryan RM, Deci EL. *Self-Determination Theory: Basic Psychological Needs in Motivation, Development, and Wellness*. The Guilford Press; 2017.

97.Patrick H, Williams GC. Self-determination theory: its application to health behavior and complementarity with motivational interviewing. *Int J Behav Nutr Phys Act*. 2012;9:18.

98.Gagné M, Deci EL. Self-determination theory and work motivation. *Journal of Organizational Behavior*. 2005;26(4):331-362.

99.Black AE, Deci EL. The effects of instructors' autonomy support and students' autonomous motivation on learning organic chemistry: A self-determination theory perspective. *Science Education*. 2000;84(6):740-756.

100.Patall EA, Cooper H, Wynn SR. The effectiveness and relative importance of choice in the classroom. *Journal of Educational Psychology*. 2010;102(4):896-915.

101.Cordova DI, Lepper MR. Intrinsic motivation and the process of learning: Beneficial effects of contextualization, personalization, and choice. *Journal of Educational Psychology*. 1996;88(4):715-730.

102.Ryan RM, Rigby CS, Przybylski A. The motivational pull of video games: A self-determination theory approach. *Motivation and Emotion*. 2006;30(4):347-363.

103.Vansteenkiste M, Lens W, Deci EL. Intrinsic versus extrinsic goal contents in self-determination theory: Another look at the quality of academic motivation. *Educational Psychologist*. 2006;41(1):19-31.

104.Vansteenkiste M, Timmermans T, Lens W, Soenens B, Van den Broeck A. Does Extrinsic Goal Framing Enhance Extrinsic Goal-Oriented Individuals' Learning and Performance? An Experimental Test of the Match Perspective Versus Self-Determination Theory. *Journal of Educational Psychology*. 2008;100(2):387-397.

105.Smith SM, Vela E. Environmental context-dependent memory: a review and meta-analysis. *Psychon Bull Rev*. 2001;8(2):203-20.

106.Smith SM, Glenberg A, Bjork RA. Environmental context and human memory. *Memory & Cognition*. 1978;6(4):342-353.

107.Roese NJ, Summerville A. What we regret most... and why. *Pers Soc Psychol Bull*. 2005;31(9):1273-85.

108.Gruber MJ, Ranganath C. How Curiosity Enhances Hippocampus-Dependent Memory: The Prediction, Appraisal, Curiosity, and Exploration (PACE) Framework. *Trends Cogn Sci*. 2019;23(12):1014-1025.

109.Kidd C, Hayden BY. The Psychology and Neuroscience of Curiosity. *Neuron*. 2015;88(3):449-60.

110.Isaacson W. *Einstein: His Life and Universe*. Simon & Schuster; 2007.

111.Hayakawa S, Komine-Aizawa S, Naganawa S, Shimuzu K, Nemoto N. The death of Izanami, an ancient Japanese goddess: an early report of a case of puerperal fever. *Med Hypotheses*. 2006;67(4):965-8.

112.Yamada T, Yamada T, Yamamura MK, et al. Invasive group A streptococcal infection in pregnancy. *J Infect*. 2010;60(6):417-24.

113. 新村拓 . 日本医療史 . 吉川弘文館 ; 2006.

114. 安川康介 . Mythology in Kojiki: A Medical Perspective. *日本医史学雑誌 = Journal of the Japanese Society for the History of Medicine*. 2020;66(3):267-283.

115.Deci EL, Ryan RM, Williams GC. Need satisfaction and the self-regulation of learning. *Learning and Individual Differences*. 1996;8(3):165-183.

116. スコット・H・ヤング . ULTRA LEARNING　超・自習法──どんなスキルでも最速で習得できる９つのメソッド . 小林啓倫 . ダイヤモンド社 ; 2020.

117.Gleick J. *Genius: The Life and Science of Richard Feynman*. Pantheon Books; 1992.

118.Froese AD, Carpenter CN, Inman DA, et al. Effects of classroom cell phone use on expected and actual learning. *College Student Journal*. 2012;46(2):323-332.

119.Ward AF, Duke K, Gneezy A, Bos MW. Brain Drain: The Mere Presence of One's Own Smartphone Reduces Available Cognitive Capacity. *Journal of the Association for Consumer Research*. 2017;2(2):140-154.

120.Wood W, Rünger D. Psychology of Habit. *Annual Review of Psychology*. 2016;67(1):289-314.

121.Bayer JB, Anderson IA, Tokunaga RS. Building and breaking social media habits. *Current Opinion in Psychology*. 2022;45:279-288.

122.Wamsley EJ. Offline memory consolidation during waking rest. *Nature Reviews Psychology*. 2022;1(8):441-453.

123.Raichle ME. The Brain's Default Mode Network. *Annual Review of Neuroscience*. 2015;38(1):433-447.

124.Vatansever D, Menon DK, Manktelow AE, Sahakian BJ, Stamatakis EA. Default Mode Dynamics for Global Functional Integration. *J Neurosci*. 2015;35(46):15254-62.

125.Panel CC. Recommended Amount of Sleep for a Healthy Adult: A Joint Consensus Statement of the American Academy of Sleep Medicine and Sleep Research Society. *Sleep*. 2015;38(6):843-844.

126.Chaput JP, Dutil C, Sampasa-Kanyinga H. Sleeping hours: what is the ideal number and how does age impact this? *Nat Sci Sleep*. 2018;10:421-430.

127.Rasch B, Born J. About sleep's role in memory. *Physiol Rev*. 2013;93(2):681-766.

128.Jenkins JG, Dallenbach KM. Obliviscence During Sleep and Waking. *The American Journal of Psychology*. 1924;35:605-612.

129.Klinzing JG, Niethard N, Born J. Mechanisms of systems memory consolidation during sleep. *Nature Neuroscience*. 2019;22(10):1598-1610.

130.Stickgold R. Sleep-dependent memory consolidation. *Nature*. 2005;437(7063):1272-1278.

131.Gais S, Lucas B, Born J. Sleep after learning aids memory recall. *Learn Mem*. 2006;13(3):259-62.

132.Bailes C, Caldwell M, Wamsley EJ, Tucker MA. Does sleep protect memories against interference? A failure to replicate. *PLoS One*. 2020;15(2):e0220419.

133.Payne JD, Tucker MA, Ellenbogen JM, et al. Memory for semantically related and unrelated declarative information: the benefit of sleep, the cost of wake. *PLoS One*. 2012;7(3):e33079.

134.Fotuhi M, Do D, Jack C. Modifiable factors that alter the size of the hippocampus with ageing. *Nature Reviews Neurology*. 2012;8(4):189-202.

135.Kempermann G, Kuhn HG, Gage FH. More hippocampal neurons in adult mice living in an enriched environment. *Nature*. 1997;386(6624):493-495.

136.Verghese J, Lipton RB, Katz MJ, et al. Leisure Activities and the Risk of Dementia in the Elderly. *New England Journal of Medicine*. 2003;348(25):2508-2516.

137.Woollett K, Maguire EA. Acquiring "the Knowledge" of London's layout drives structural brain changes. *Curr Biol*. 2011;21(24):2109-14.

138.Draganski B, Gaser C, Kempermann G, et al. Temporal and Spatial Dynamics of Brain Structure Changes during Extensive Learning. *Journal of Neuroscience*. 2006;26(23):6314-6317.

139.Erickson KI, Voss MW, Prakash RS, et al. Exercise training increases size of hippocampus and improves memory. *Proc Natl Acad Sci USA*. 2011;108(7):3017-22.

140.Chang YK, Labban JD, Gapin JI, Etnier JL. The effects of acute exercise on cognitive performance: A meta-analysis. *Brain Research*. 2012;1453:87-101.

141.Roig M, Nordbrandt S, Geertsen SS, Nielsen JB. The effects of cardiovascular exercise on human memory: a review with meta-analysis. *Neurosci Biobehav Rev*. 2013;37(8):1645-66.

142.Erickson KI, Hillman C, Stillman CM, et al. Physical Activity, Cognition, and Brain Outcomes: A Review of the 2018 Physical Activity Guidelines. *Med Sci Sports Exerc*. 2019;51(6):1242-1251.

143.Szuhany KL, Bugatti M, Otto MW. A meta-analytic review of the effects of exercise on brain-derived neurotrophic factor. *J Psychiatr Res*. 2015;60:56-64.

144.Miranda M, Morici JF, Zanoni MB, Bekinschtein P. Brain-Derived Neurotrophic Factor: A Key Molecule for Memory in the Healthy and the Pathological Brain. *Front Cell Neurosci*. 2019;13:363.

145.Binder DK, Scharfman HE. Brain-derived neurotrophic factor. *Growth Factors*. 2004;22(3):123-31.

146.Lista I, Sorrentino G. Biological Mechanisms of Physical Activity in Preventing Cognitive Decline. *Cellular and Molecular Neurobiology*. 2010;30(4):493-503.

147.Khurshid S, Al-Alusi MA, Churchill TW, Guseh JS, Ellinor PT. Accelerometer-Derived "Weekend Warrior" Physical Activity and Incident Cardiovascular Disease. *JAMA*. 2023;330(3):247-252.

148.O'Donovan G, Lee I-M, Hamer M, Stamatakis E. Association of "Weekend Warrior" and Other Leisure Time Physical Activity Patterns with Risks for All-Cause, Cardiovascular Disease, and Cancer Mortality. *JAMA Internal Medicine*. 2017;177(3):335-342.

149.Ramirez G, Beilock SL. Writing About Testing Worries Boosts Exam Performance in the Classroom. *Science*. 2011;331(6014):211-213.

150.Pennebaker JW. Writing about Emotional Experiences as a Therapeutic Process. *Psychological Science*. 1997;8(3):162-166.

151.Ullrich PM, Lutgendorf SK. Journaling about stressful events: Effects of cognitive processing and emotional expression. *Annals of Behavioral Medicine*. 2002;24(3):244-250.

최고의
공부법
고효율×시간 단축
공부는 과학이다

초판 1쇄 인쇄 2025년 3월 24일
초판 1쇄 발행 2025년 3월 28일

지은이 야스카와 코스케
옮긴이 김대환
펴낸이 김대환
펴낸곳 도서출판 잇북

디자인 d.purple

주소 (10908) 경기도 파주시 소리천로 39, 파크뷰테라스 1325호
전화 031)948-4284
팩스 031)624-8875
이메일 itbook1@gmail.com
블로그 http://blog.naver.com/ousama99
등록 2008. 2. 26 제406-2008-000012호

ISBN 979-11-85370-77-4 03370